だまされない
マンション管理

しぶたに 修
SHIBUTANI Osamu

文芸社

まえがき

「だまされない　マンション管理」

これだけ毎日のようにオレオレ詐欺の事件が報じられているのに、それでもだまされる人が後を絶ちません。そして、だます方もほんの少し内容を変えるけれど、ほとんど同じストーリーでだまし続ける。

これはだまされる人がやさしいんですね。人から声をかけられると、相手が詐欺師だなんて普通は思わない。まずは話を聞いてあげようと思う。そこにつけこまれるんですね。

私も経験しました。ある時、固定電話が鳴りました。普段は知らない番号に妻は出ないのですが、たまたま受話器を取ってしまいました。相手は区役所の担当者だと名乗っています。そして、医療費の還付金があるといいます。

妻は還付金があってもわずかだろうから要らないと答えるのですが、相手はもったいないから手続きをお願いしますと言う。そして、携帯の電話番号を聞いている。それに答えて番号を言い始める。「待った」と私が声をかける。「役所がケイタイ番号を聞くなんてことがあるか？」と話しながら電話を替わる。妻は「余計な口出しをして」というアイスピックのまなざしで私を睨む。私は相手の名前を聞く。田中だと答える。「下の名前は？」と聞くと言葉に詰まり、一瞬間をおいて「あきら」だという。

そこで、内容を確認して、また電話するから電話番号を教えるように伝えて電話を切りました。区の総務に電話してそういう問題を担当する課があるかと聞くと、「ない」と返事は早い。そして、詐欺だと思うから気を付けてと。

その後、この手の還付金サギはあちこちで被害が拡大していました。ね、妻はせっかく電話かけてきた相手の厚意を無にしないように応じたのですが、まんまとワナにはまるところでした。

そこで、マンション管理です。金額も大きくなり登場人物も多彩。私の経験では弁護士、マンション管理士、建築士といった専門家も関わってきますから、まあ見事にコロッとやられます。

さらに問題を複雑にするのが、居住者（区分所有者）同士のいざこざです。会社などと違って、居住者に上下関係はありませんからね。管理会社のやり方に疑問を持ち発言する人を、管理会社を信用している人たちは「クレーマー」扱いにする。そしてみんなで一緒になって、そういう人を排除しようとする。この「同調圧力」に耐えられない人は、部屋を売却して出ていってしまう。

その結果、管理会社の思惑通りに値上げが行われ、住民の負担が増えていく。そうならないためにどうすればいいのか。それがこの本のテーマです。

しぶたに修

だまされない　マンション管理

目次

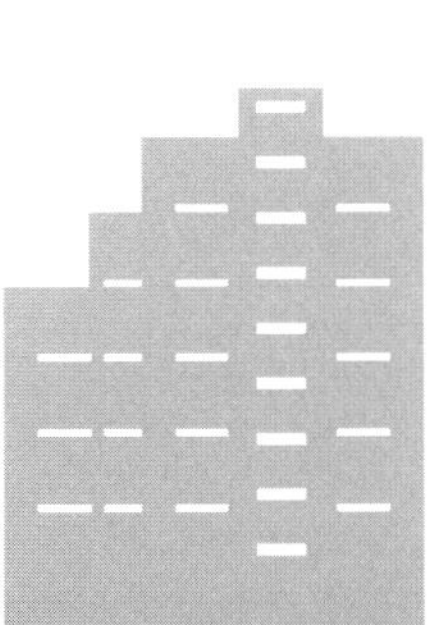

1 どこのマンションでも起こる問題

届けられた朝日新聞の記事

２０２１年６月のことです。同じマンションの居住者が朝日新聞の記事を持ってきました。「声」欄に投稿されたその内容は「築25年、40世帯ほどの分譲マンションに住んでいる。２年前に６千万円以上かけて大規模修繕を実施したが、今後も数千万円の修繕が必要という。修繕積立金は底をつき借入までしている。そのため値上げが必須、介護保険料や医療費も上がる中、修繕積立金の値上げが一番の脅威」とつづられています。投稿者は原田さんという69歳の女性です。

こういう話はどこでも聞きます。地元板橋区主催のマンション相談セミナーに行くと同じ話が飛び交っています。

そこで、新聞社経由でその投稿者宛に、私の経験をもとにした資料を送付しました（**資料１、**

表1、2)。果たして本人に届くかどうか心配しましたが、その後お礼の手紙が来ました。

やはりというか、その記事のマンションは当方と同じ大東京マンション（仮称）で「大東京シティ大宮」と言います。

そこで、そのマンションを訪ねることにしました。板橋区の私のマンションから1時間で行くことができる「さいたま市大宮区」にあるマンションです。

マンションに着くと、投稿者のご主人が対応してくれました。私は他のマンションに行くとまずは屋上に上がります。そのマンションの実情を知るには屋上の劣化状態、とりわけ防水状態を見ることで、おおよその見当が付くからです。

これまでの経験では、どこのマンションでも居住者が屋上まで上がったことがない。私もそうでした。専有部分、つまり自分が住んでいる部屋とドアを開けて廊下、エレベーター、階段、そして正面玄関ぐらいしか目に入っていない。それも通りすがりの目線ですから、壁にひび割れがあるか、タイルに浮きがあるかなんて考えたことも無かったのです。シーリング（隙間を埋める充填剤）なんて言葉はなんじゃもんじゃ？　それが現実でした。

その時同行した他の居住者が言っていました。「屋上を見るのは初めてだ」と。

屋上で確認するのは防水シートの状態。パラペット（ヘリの立ち上がり部分）、笠木（ヘリにかぶせてある金属などのカバー）の劣化具合。そしてタイルの目地、シーリングの様子。時には膝をついて笠木の裏を覗きます。こうして少しの異変にも気を配ります。

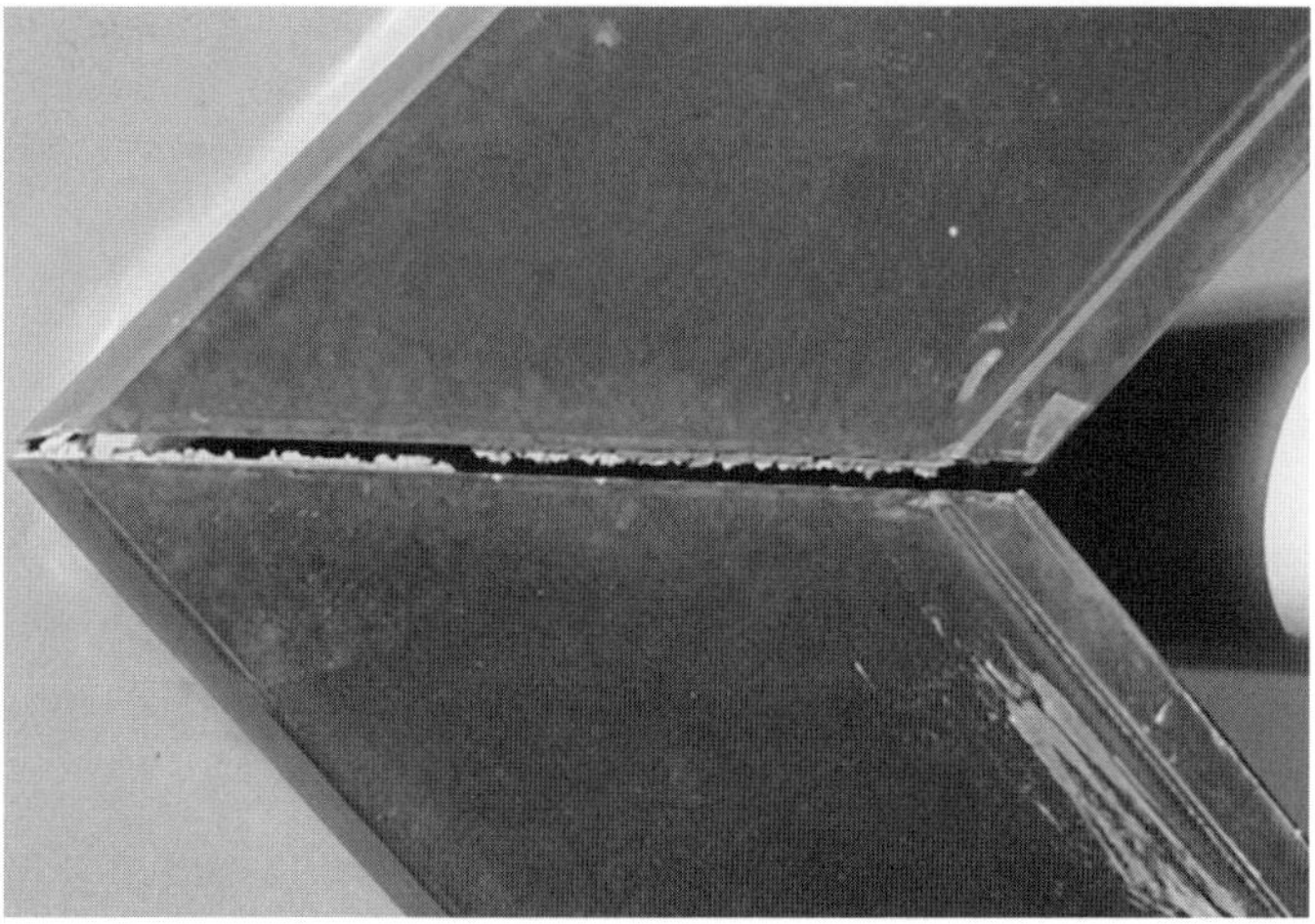

写真1　防水対策の無い屋上の笠木

建築物は木造であれ鉄筋コンクリートであれ、雨水対策をしっかりしているかどうかで寿命が決まります。つまり微細なひび割れ、浮きなどが水の侵入を許し、漏水や鉄筋の劣化につながっていきます。

その時見た現状の一部を紹介しましょう（**写真1、2、3**）。

自分のマンションでは住民に呼びかけ、毎年「建物見学会」をやってきました。そして、最近修繕工事を実施したので、現場で何度も作業員に声をかけ、信頼関係を得て作業用のゴンドラに一緒に乗って壁の状態を観察したり、足場にも上がって異変の状態を見てきました。その意味では、30回を超えて自分のマンションの隅々までの異変を確認してきたことになると思います。それでやっと「マンションの劣化問題」の本質に迫ることができたのです。

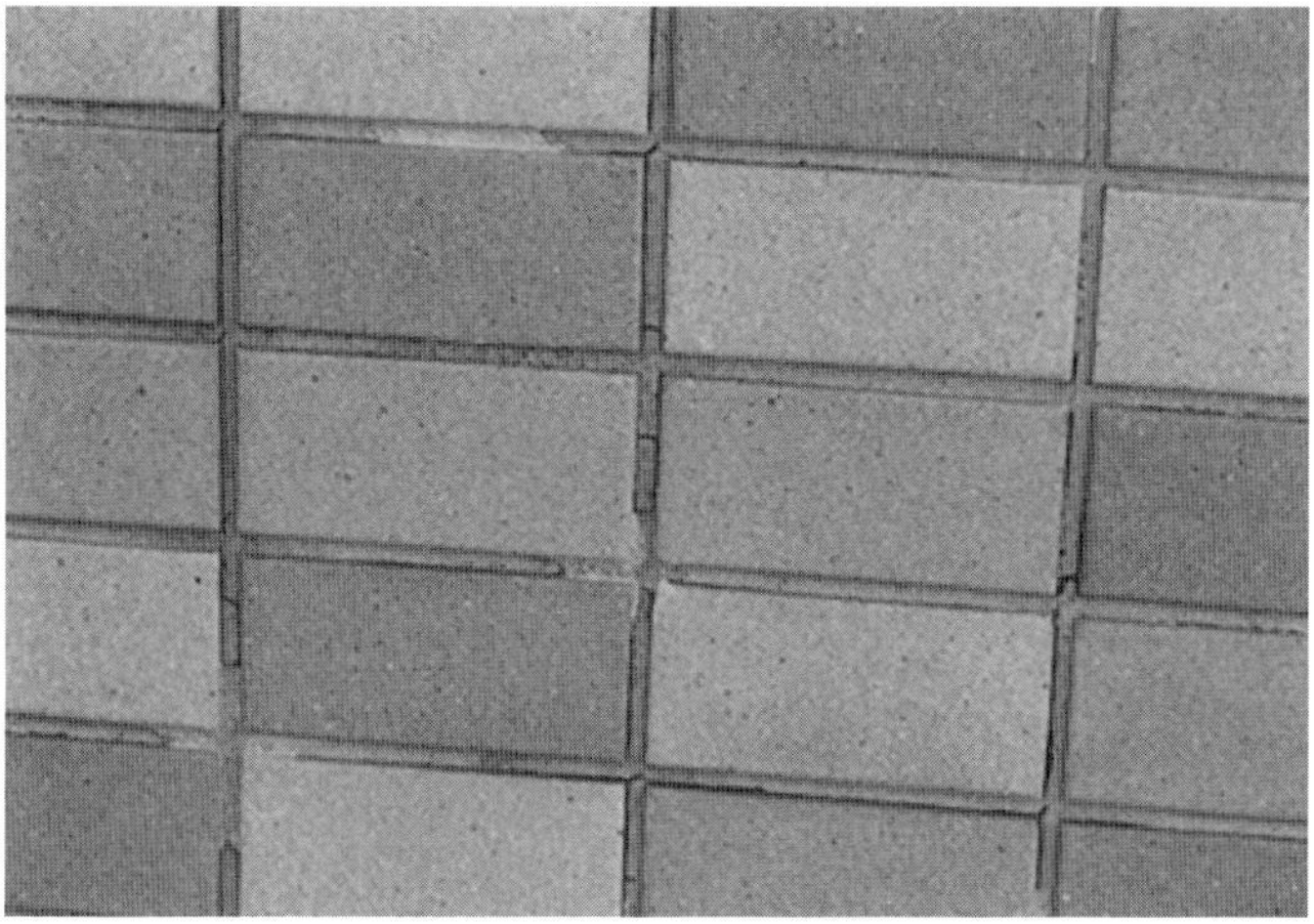

写真2　傷んだ外壁タイルの目地

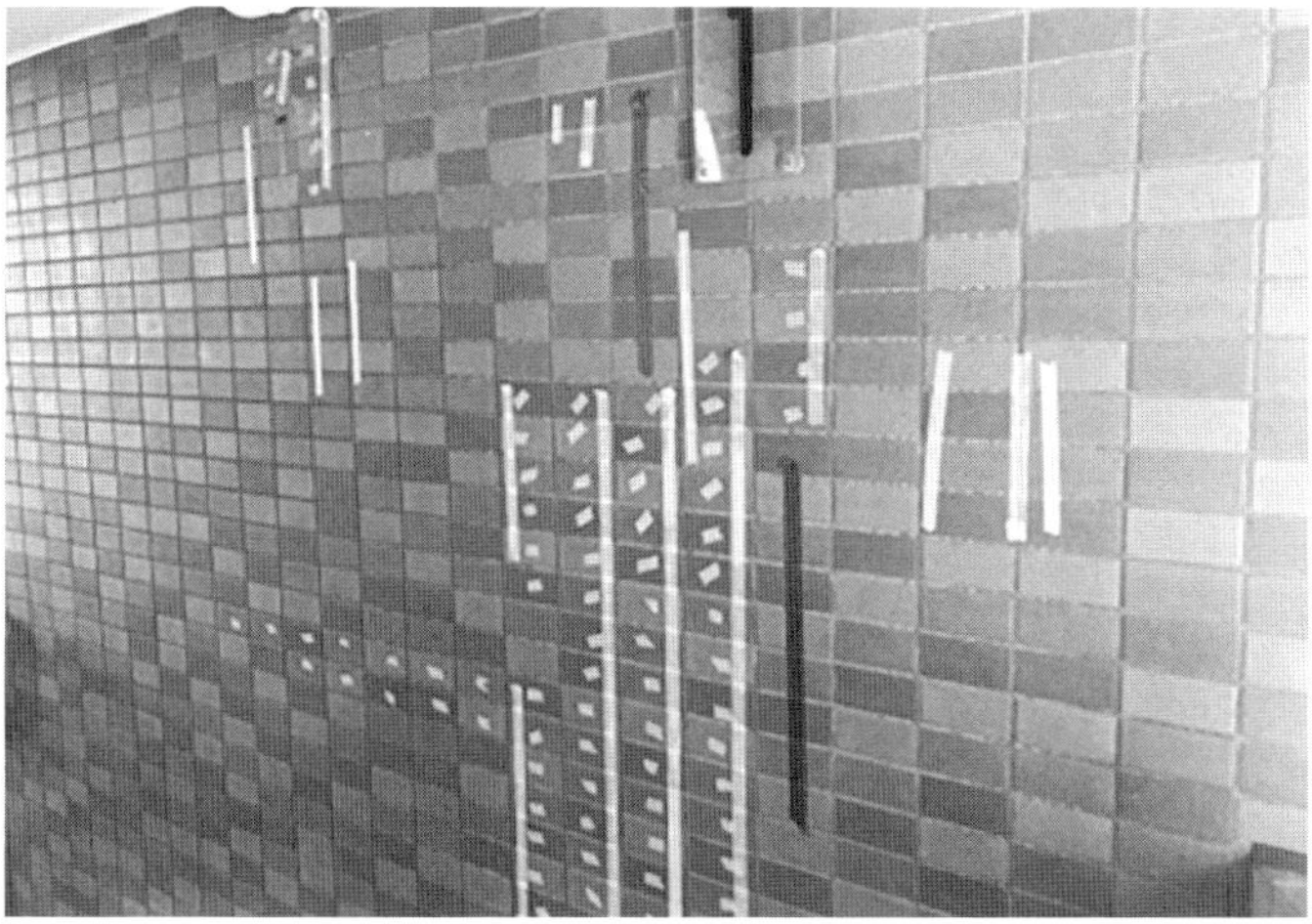

写真3　タイルの浮きがあちこちに

大宮のマンションでは3年前（2019年）に、戸当たり約150万円、総額6千万円の費用をかけて大規模修繕工事を実施しています。ところが先の写真のように、屋上の金属製の笠木はスキマだらけ（**写真1**）。タイルの目地は劣化がひどく痩せていて、あちこちに穴が空き、ひび割れも見えます（**写真2**）。また、打診検索棒で壁のタイルをなぞると、カラカラと浮いている音がします（**写真3**）。

このマンションの修繕積立金は2019年当時、3000万円しかなかったのですが、管理会社が形だけの相見積をとり、費用は倍の6000万円かかるという話に持っていってしまったのです。この時点で3000万円足りない。その金額を払ってしまうと手元にお金が無くなりますから、それでは困るということでプラス1000万円。合計4000万円を借金。手元に1000万円置いておいて、みんなから集める修繕積立金で毎月返済するという状況に追い込まれたのです。

そうして実施したはずの「大規模修繕工事」だったのですが、とてもまともな修繕工事をやったとは思えない有様です。

さて、この問題にどう取り組むか。

ここで、冒頭触れたように、私が新聞社を通じて原田さんに送った資料をみなさんに見てもらいましょう。

まずは「役員改選への基本的考え方」ですが、これは筆者が理事16年の経験を踏まえて、10

項目に整理した要点です。これから、役員になる人の心に刻んで欲しい内容を列挙しました。

資料1

○役員改選への基本的考え方

【マンション管理の諸問題について】

1、水対策をしっかりすれば鉄筋コンクリートの寿命は半永久的である。

「鉄筋コンクリートの寿命は50年ぐらい」と、どこで聞いたのか、私もそう思い込んでいました。しかし、最近の専門家のレポートでは、コンクリートの中性化が進んでも中の鉄筋は劣化しないという。つまり、躯体の寿命は半永久的だというのです。木造の法隆寺の躯体部分の寿命が１３００年を超えていますからね。ヨーロッパの石造りの建築物は１００年以上の寿命は当たり前。ただし、外壁・タイルや設備は劣化が進むので対策が必要です。

2、「大規模修繕工事」ではなく「都度修繕工事」を基本とすべし。

やっとマンションを購入しほっとしている時に、管理会社から「長期修繕計画書」を示され最初の総会で議決しました。そこに「築10年で大規模な修繕工事を実施する」表が示されています。その時は「マンションとはそういうものだ」と思うしかありませんでした。しかし、法律にそれを義務化する規定はない。足場を組んで修繕積立金をカラッポにするような「大規模修繕工事」をするのではなく、目についた、明らかに劣化が進んだところを修繕することで大丈夫なのです。

3、年に1回は居住者に呼びかけ、建物見学会を実施する。

私が理事長になって年に1回の建物見学会を実施してきました。これは大事ですね。自分たちの財産、専有部分だけでなく共用部分の状態をみんなで確かめる。建築士も同行します。しかし、建物の劣化について必ずしも建築士は専門家ではありません。修繕工事を行う現場の作業員、職人が実情をよく知っています。その人たちから生の話を聞くには一緒にゴンドラに乗り、足場に上がり手で触って、よく見て謙虚に教えてもらうことが大事です。そして建築士を交えて確認するのです。これからも、見学会に是非参加して下さい。

4、他のマンションを見学して交流する。

自分たちのマンションのことをよく知るためには、他のマンションを見学して比較し意見交換することが有効です。友達、知人でマンション住まいの方がいたら是非お願いをして見学してきて下さい。管理費・修繕積立金の金額はどうなっているか？　聞くためには自分たちのマンションの実態を知ることが必要ですね。そうすることで自分たちのマンションの問題が浮き上がってきます。それはとっても貴重な情報なのです。それを総会などで是非役員に伝えて下さい。

5、役員の任務は「みんなの利益を増進し、良好な住環境を確保すること」（規約の目的）に尽きる。それを理解していることが役員になる前提。

「管理組合なんて町内会みたいなもんでしょ。好きな人がやればいい」などと公言する人がいました。でも、それは違います。自分たちの生活の場、そして自分たちの財産を自分たちで守るのが基本。役員になる人は、少なくとも規約の目的ぐらいは頭に入れて積極的に役員を引き受けるべきだと思います。

6、自覚する役員で管理することが基本。「輪番制」はとらない。

最初は管理会社が輪番制の名簿を作成して役員を決めていました。それは間違いでした。法律上、規約上も「区分所有者で組織される管理組合」が当事者なのです。「管理会社に管理」されてはいけません。役員の任務を自覚して積極的に手を挙げる人が役員を引き受けるべきです。「輪番制」は無責任の極みです。それでは必ず管理会社のエジキになります。「自分の仕事が忙しいから」と思っている人は、それを優先して下さい。管理組合の役員には向きません。

7、管理費会計を黒字にすることが業務執行機関としての理事会の任務。

どんな会計でも最初から赤字を前提にしたら予算の組立自体が間違っています。しかし住んですぐの頃は管理費、修繕積立金の会計表を示されても、それが何を意味しているか分かりませんでした。駐車場の収入がなんで管理費会計に組み込まれて計上されているのか。その収入をプラスしてやっと黒字なのに疑問がわかない。数字が人ごとだったんですね。それに気がついて管理会社への委託費を含めすべての項目を相見積にかけたところ、約500万円節約することができました。そこから当たり前の管理が始まったのでした。

8、相見積のルールを徹底して守る。

7、8年前の話ですが痛い目にあいました。正面玄関の自動ドアの不具合があり相見積を取ったのです。メーカーのA社が45万円、そして、近くのA社の代理店の修理業者は15万円。その他35万円、25万円という数字が並んでいました。まるで柴又の寅さんの世界です。安い方がみんなのお金を節約することになると思ったのは私だけ？　メーカーの方が信頼できると言って多数決で一番高い金額で決めたことがあります。それから見積もり細則を作りました。当たり前ですが、条件が同じことを確認して最安値で決める。これは固く守って欲しいものです。

9、基本情報をきちんと残すこと。

・総会・理事会の議事録はできる限り詳しく作成する。
・修繕の記録など基本情報を記録して引き継ぐ。
・役員の業務報告を残す。

石碑に刻まれた「ここから下に家を建てるな」という先人の言葉を守った人たちが、津波の被害を免れた話が3・11の時にありました。いつの時代、どんな世界でも古くからの伝言が自分たちを守ることがあります。共同の生活の場であるこのマンションにも通じる話です。それを次の世代に残していく。今はパソコンなんて便利な機械がありますから、記録を残すことは容易です。それが、5年後、10年後、20年後の居住者にとって大事な情報となるはずです。

10、修繕積立金の残高は1億5000万円以上あります。

以上の考え方をもとにきちんとした管理組合の運営をしていけば、現在の修繕積立金の残高に今後も毎年1300万円が積みあがっていきます。この資金は確実に来る関東巨大地震への備えでもあります。また、ただ貯めるだけではなく、時代に合わせてマンションをグレードアップする工事も検討しましょう。

日本では住宅不動産の価値が年月とともに下がっていくのが常識ですが、そうならないマンション管理を現実のものとしましょう。

以上

次に原田さんに送った**表1**です。これは私たちのマンションの管理費会計の数字です。どこのマンションでもこれを見れば、そのマンションの実情が分かります。私たちのマンションは２００５年3月竣工です。その当時の管理会社は「大東京管理」と名乗っていました。その後名称変更して２００８年に大東京ステータスとなったので、その名称で計上しています。

管理費収入は１２４４万円。これは18年経った現在も変わりません。そして、支出ですが、合計額は１６７９万円です。これでは赤字です。しかし、駐車場その他の収入が約８００万円ありましたから、トータルでは黒字です。ですから最初の頃は深刻に考えなかったのです。

その後、２０２０年の決算額ですが、管理費収入は変わらず、そして支出額は１１３７万円。ここが大事なところです。支出は管理費収入の中に収まっていて単年度で黒字です。もちろん管理費の値上げなんて必要がありません。やはり、管理会社を大東京ステータスから替えたのが大きかった。

そして、さらに重要なのは**表2**の「修繕履歴と今後の修繕予想」です。

そもそも２００５年に入居してすぐの頃に、管理会社から理事会の場で突然長期修繕計画書

表１　大東京西台駅前管理組合管理費会計比較表（2006年と2020年）

科目	2006年決算額 大東京ステータス	2020年決算額 サニーライフ	差額	備考
〈収入の部〉				戸数100戸、築15年
管理費収入	12,442,800	**12,442,800**	0	10,369円/月額 戸
駐車場その他収入	8,088,000	4,991,000	3,097,000	利用者減による減収
収入合計	20,530,800	17,433,800	3,097,000	収入合計はマイナス

〈支出の部〉（＋消費税）	5%	10%		
契約金額（+管理委託費以外）	**8,342,775**	**5,781,600**	**2,561,175**	一昨年無人社から変更
管理委託費	6,186,600	4,224,000	1,962,600	
会計管理業務費	1,159,956	396,000	763,956	会計事務費
総合管理業務費	1,386,252	924,000	462,252	運営補助業務
管理員業務費	3,640,392	2,904,000	736,392	通勤1名
消防用設備保守費	504,000	303,600	200,400	
建物（建築）設備点検費	84,000	46,200	37,800	
建築設備定期報告業務費	75,600	92,400	**-16,800**	
給水（貯水槽）設備清掃	86,100	66,000	20,100	
遠隔管理業務費（緊急対応）	365,400	198,000	167,400	（管理会社対応）
排水管清掃費	439,425	343,200	96,225	
清掃業務費	582,750	488,400	94,350	
簡易専用水道検査費	18,900	19,800	**-900**	（管理委託費以外）
植栽維持費	387,450	312,935	74,515	（以下随時相見積実施）
昇降設備保守費	1,417,500	528,000	889,500	14階棟と６階棟の2基
駐車場設備保守費	705,600	264,000	441,600	32台から21台へ
ネットサービス料	2,695,140	997,920	1,697,220	
電気料	2,421,924	1,952,574	469,350	LEDの器具に入替
水道料	45,028	45,793	**-765**	
保険料	420,930	315,048	105,882	個人賠償責任保険なし
備品消耗品費	312,475	363,504	**-51,029**	
リース料	0	125,664	**-125,664**	
町会費他	0	325,800	**-325,800**	
通信費	38,575	61,262	**-22,687**	
組合運営費	1,200	300,000	**-298,800**	役員への負担金など
支出合計	16,788,597	**11,374,100**	5,414,497	**管理費収入で黒字**

※貸借対照表：2020年12月31日現在の修繕積立金会計と管理費会計の残高合計は**1億5641万円**。
※戸数は93戸だが、350㎡のテナントがあるので、8戸で計算すると100戸となる。

築15年　(単位：千円)　築20年　築25年　築30年

2020	2021	2022	2023	2024	2025	2026	2027	2028	2029	2030	2031	2032	2035
	1,410	(宅配ボックスの入れ替え見積もり、3ヶ月後に実施)											
	(18の修繕工事と合わせ鉄部塗装を実施する)												
					毎年の建物見学会と5年ごとのドローンによる観察によって異変を確認したら、その「都度修繕工事」を実施していく。それがマンション管理の基本。								
23,712													
				1,500					1,500				
1,155													
	30,580	(見積もり段階、5月から3ヶ月かけて6階棟を中心に修繕を行う)											
										17,200			
									(エレベーター更新？どうなるか？)				
	173	(非常灯7ヶ所交換)											
(インターフォン改修2232万円計上…大東京)								修繕費用					
								見積段階					
	341												
3,025													
13,640	(車離れで三分の一が空きに。そこでサイズダウン。当初大東京は入替予算として1800万円を計上していた)												
41,532	32,504	(駐輪場、駐車場関係の支出1666万円を引くと築16年の修繕費累計は7051万円となる。そして「大規模修繕」											
56,538	89,042	といわれる工事の支出は約5700万円、戸当たり57万円にとどまる。)											

193,643	**(大東京の当初の予定ではこの金額になっていた。当然積立金では足りない)**								414,946				

156,410	149,686	162,686	175,686	188,686	**201,686**	214,686	227,686	240,686	253,686	266,686	279,686	292,686	331686

表2　大東京西台駅前管理組合　修繕履歴と今後の修繕予想

区分	NO	工事項目	2005竣工	2011	2012	2013	2014	2015（築10年）	2017	2018	2019
建物関係	1	屋上防水						3,024			
	2	屋上廊下天井防水								918	
	3	宅配ボックス									
	4	鉄部塗装		2,200	(大東京は2009年で鉄部塗装672万円の予算計上していたが350万円の見積書を提出)						
	5	外壁地震被害修繕			175	(大東京の見積もりは300万円)					
	6	玄関自動ドア修理		工事、物品の購入は相見積を原則とする。そして入札に関する細則を必ずつくる。			530		42	(裏側ドア)	
	7	駐車場側自動ドア修理							22		
	8	門扉不具合修理								15	
	9	端子盤箱漏水								310	
	10	14階棟66戸外壁クラック等修繕								1,805	950
	11	14階棟外壁シール打替え等									
	12	消火器格納箱塗装、その他						1,684			
	13	エントランス内側壁など塗装									540
	14	ドローンによる調査									1,144
	15	消防関係機器改修工事									
	16	6階棟27戸2棟シール打替えなど									
	17	電波障害対策施設撤去			399	(大東京は勝手に90万円の見積書を提出。地元の業者に発注)					
	18	エレベーター更新									
	19										
電気設備	1	照明器具									
	2	インターフォン									
	3	非常照明バッテリー交換					114				
	4										
給排水設備	1	給水ポンプ		1,021							
	2	受水槽									
	3	排水管									
	4	地下駐車場排水ポンプ交換									
	5	バルコニー排水管修理				32					
	6										
屋外施設	1	駐輪場改修工事									
	2	機械式駐車場修理と入れ替え									
	3	エントランス中庭修繕								81	
	4										
修繕費計				3,221	574	32	644	4,708	64	3,129	2,634
修繕費累計					3,795	3,827	4,471	9,179	9,243	12,372	15,006
大東京ステータス想定累計								**147,528**			
修繕積立金など残高											

が提案されました。細かい項目と数字がビッシリと並んでいます。

それを見て数字の意味を理解する知識がこちらにないので、ハテナマーク「？」がいくつも頭に浮かぶだけです。ともかく、マンション住まいとはそういうものだと思い込むしかない。

当時の管理会社の担当者が理事会で断言しました。「将来大規模修繕工事を実施する時に、今のままの修繕積立金の負担では足りなくなる。3年ごとに3000円ぐらい値上げをしないと、工事をする時に戸当たり一時金で50万円の負担金が必要になる」。それを回避するための修繕積立金の値上げの表が、その計画書に添付されていました。

そこで、私がその場で指摘しました。「最初から赤字の計画というのはありえない。会計が厳しいなら、まずは支出項目の金額を徹底的に見直し節約していくことが基本だ」。これには彼らも反論できません。そこから、始まったのでした。当然、管理会社の管理委託費もその対象となったのです。その成果が先に示した**表1**の比較表であり修繕計画書です。

すぐに取り組んだ原田さん

この資料を見た原田さんは、理事長の齋藤さん（当時）と一緒に取り組みを始めました。原田さんは理事ではありませんでしたが、オブザーバーとして理事会に出席し一つひとつ管理費の支出項目を調べ、相見積にかけ節約をはかったのです。当然、管理会社の管理委託費もその対象となりました。

そして、10月に臨時総会を開催して管理会社の変更を決議し、委託契約に基づき3ヶ月後の年明け1月に、大東京ステータスからサニーライフに替えることができたのです。その結果、早速大きな成果を上げることができています。

表3ですが、大東京ステータスに管理させていた頃の数字と、新しい管理会社サニーライフになった管理費会計の比較表をご覧下さい。

管理費収入ですが、約1000万円減額となりました。これは、建築当初から周辺マンションと比較して管理費が高かったので、戸当たり月額3000円値下げをして所有者に還元しています。

管理会社の管理委託契約費は57万円のマイナス。エレベーターは一基しかないのに79万円の管理費でしたが、これも見直すことで21万円となり58万円節約できました。その他の項目も見直しを続けています。

こうした取り組みで、管理費会計の支出総額は150万円の削減となりました。

さらに問題なのは、大東京ステータスに任せて実施してきた「大規模修繕工事」のことです。これまで12年ごとに2回の「大規模修繕工事」を実施してきました。直近では先に触れたように3年前に6000万円かけて修繕工事を行ったのです。その結果が先に紹介した**写真1、2、3**なのです。

表3　大東京シティ大宮管理組合 管理費会計比較表

科目	2021年決算額 大東京ステータス	2022年予算額 サニーライフ	備考
〈収入の部〉			戸数38戸、築27年
管理費収入	6,543,600	5,492,400	戸当たり3000円/月の減額
駐車場その他収入	1,435,870	1,359,645	
収入合計	7,979,470	6,852,045	

〈支出の部〉（＋消費税）	10%	10%	
契約金額（+管理委託費以外）	**2,486,880**	**1,914,000**	-572,880
清掃業務費	235,400	198,000	
消防用設備保守費	242,000	118,800	-123,200
排水管清掃費	165,000	145,200	
設備点検費	25,960	33,000	
建築設備点検費	54,425	52,800	
遠隔管理業務費（緊急対応）	422,400	118,800	-303,600
給水（貯水槽）設備清掃	66,330	0	
簡易専用水道検査費	17,600	0	
一般管理費		105,600	
植栽維持費	289,425	200,000	
昇降設備保守費	792,000	211,200	-580,800
駐車場設備保守費	264,000	60,000	
電気料	907,996	900,000	
水道料	28,512	30,000	
保険料	534,720	534,720	
備品消耗品費	228,108	100,000	
リース料	331,760	306,240	
諸会費	68,400	0	町会退会
通信費	62,917	65,000	
組合運営費	300,146	150,000	
修繕費	48,400	800,000	
その他（租税公課、手数料、雑費など）	133,796	172,000	
支出合計	7,706,175	**6,215,360**	**150万円の支出削減**

工事業者は大東京建設（仮称）ですが、その実情を確認するととてもまともな修繕工事を実施したとは思えない状況です。

そこで、工事後の資料を確認しつつ、マンションの基本資料、竣工図書を確認することにしました。

それを出すように私が指示したのですが、その書類が見あたらないのです。

管理人室の近くにある納戸のような小さな倉庫の扉を開けました。そうしたら、そこに掃除道具と一緒に段ボールに入った書類が乱雑に積み上げてありました。その中にも見あたりません。

なんと、私が指摘するまで、居住者も関心がなかった。そもそも管理規約も管理人室に置いてあった1冊だけという有様です。

他のマンションでも竣工図書が不明などという事例を知っていましたので、すぐに管理会社の担当者に竣工図書の所在を確認するよう申し入れました。

その時、口頭だけでは適当にごまかされる可能性がありますので、私のマンションで保管している「基本文書」のリストを原田さんに渡し、それを担当者に提示して保管書類を確認するようにアドバイスをしました。

「保管重要資料」と題する**表4**ですが、みなさんのところでも保管している書類と比較して確認して下さい。これはとても大事なことです。

表4　大東京西台駅前管理組合　保管重要資料

NO	書類名	NO	書類名
1	新築工事の基本方針	25	各種検査・貯水槽清掃、排水管
2	新築工事の構造設計の基本方針	26	定期補修工事報告書
3	開発許可覚書等資料	27	総会・理事会資料、議事録綴り
4	登記済証	28	管理事務報告書
5	建築基準法　確認申請書（意匠）	29	管理員月次報告・日誌
6	建築基準法　確認申請書（構造）	30	各種見積書
7	建築基準法　確認申請書（工作物）	31	専有部分設備機器取扱説明書
8	建築基準法　確認申請書（昇降機、その他の建築設備）	32	設備点検報告書
9	計画変更申請（新築工事）	33	エレベーター保守点検報告書
10	土地実測図	34	建設住宅性能評価申請書
11	竣工図（意匠・構造）	35	変更申告書
12	竣工図（設備・電気）	36	地質調査報告書
13	役所等関係資料	37	専有部分リフォーム関係書類
14	シックハウス対策シート他	38	駐車場関連書類
15	各種設備機器取扱説明書	39	入居・退去届綴り
16	館内照明の点灯設定状況	40	規約（原始規約）、改正後の規約
17	各設備配置図	41	修繕工事見積関係書類、工事報告書
18	電話端子線番票	42	管理会社管理委託契約書、重要事項説明書
19	各種警報配置図	43	管理業務報告書（毎月）
20	照明器具点灯回路図	44	掲示物綴り
21	設備機器類完成図書・取扱説明書等リスト	45	その他各種報告書
22	消防用設備等特例申請書	46	ドローン調査報告書
23	コンクリート納入・配合報告書	47	区分所有者、居住者名簿
24	共有鉄部塗装工事完成図書		

同じ大東京マンションで作成して確認している表ですから、さすがに管理会社の担当者もいいかげんに処理することはできません。紛失した竣工図書を改めて作成し、その他の資料も揃えて持ってきて理事会の場で確認しました。

そういう準備を前提にして3年前に大規模修繕工事をやったという現状について、合同で調査をすることを申し入れました。

さすがに相手もいいかげんな対応で処理できないと覚悟したのでしょう。「外壁その他大規模修繕工事アフター調査」ということで、3年前に実施した修繕工事について、管理組合と一緒に「合同調査」を実施して問題点を確認することにしました。

それに向けて相手が出してきた調査内容の項目は以下の通りです。

①　外壁タイル浮き調査
②　外壁タイル目地欠損部補修状況調査
③　屋上、エレベーター屋上笠木防水調査
④　エントランスアプローチ、エントランスホール壁面石目地シーリング調査
⑤　鉄部塗装全般ケレン、塗装状況およびトビラ開閉調査
⑥　エントランスアプローチ床タイルひび割れ、目地欠損調査
⑦　5階共用廊下床汚れの状況確認

⑧ 屋上ガラス庇の清掃状況確認
⑨ 廊下水たまり箇所の調査

10人ほどの関係者が来て、管理組合の役員も入って3班に分かれ屋上から各階の壁、タイル、廊下、そしてエントランスのシーリングの状態などを徹底的に調査しました。調査は全面足場を組んでの作業となりました（**写真7**）。

そうしたところ、外壁に張り付いているタイルの総数はほぼ50万枚ですが、そのうち4万枚を超えるタイルが浮いていて、貼り替えが必要となりました（**写真8**）。

そして、さらに屋上のヘリに防水のため設置されている笠木ですが、笠木と笠木のすき間には写真のような「水切り」と呼ばれる具材がセットになっているはずなので

写真7　再度全面足場での工事

写真8　浮いてボロボロのタイル壁

す。ところが50ヶ所以上それが無いのです。これでは雨水が躯体に直接しみていきます（写真9）。

ということは、3年前の「大規模修繕工事」の問題ではなく、建築当初から手抜きだった可能性が出てきます。

さらに廊下のシートの劣化、また玄関の石板のひび割れなどが放置されていました。

こうした積み重なる事実から、大東京建設は約6000万円かかるという修繕工事をすべて自社持ちで実施せざるを得ませんでした。

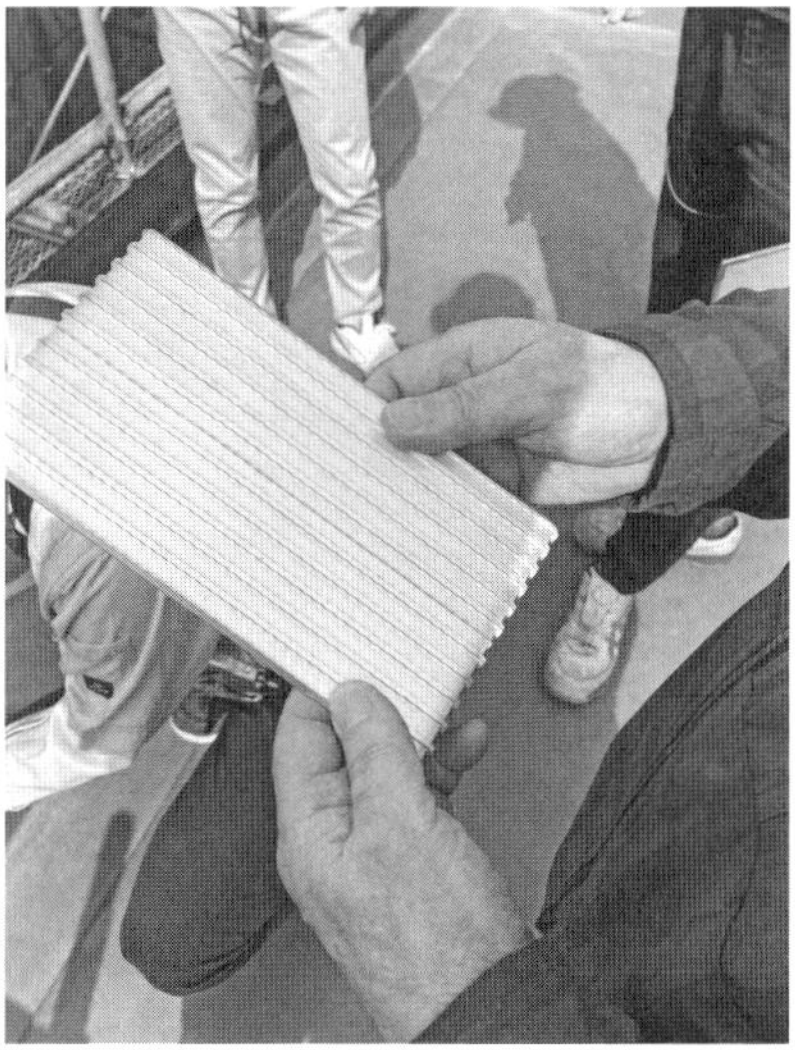

写真9　50ヶ所以上水切りがない

2 規模に関係なく共通する問題

すぐ近くの事例

次の事例は、私たちのマンションがある西台駅前からタクシーに乗り約10分で行ける板橋区成増にある築28年、14階建て、300戸の大東京成増（仮称）というマンションです（**写真10**）。

私たちのところは、築18年で14階建て1棟と6階建て2棟の混合、93戸ですから、単純にほぼ3倍の大きさです。

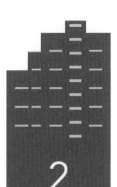

たまたま「いたかんネット」でそのマンションの管理組合役員の方と知り合いになりました。そこでこちらから依頼して副理事長と2人で建物見学に出かけてきたのです。

自分たちのマンションの建物見学会と同じく、まずは屋上から要所を見て周ります。2021年10月に通常総会を開催しており、2023年には2回目の大規模修繕工事を実施すること

写真10　大東京成増　300戸の威容

になっています。

そうしたことを前提に見て歩きましたが、シーリングやタイルの目地の劣化、防水の問題が浮かび上がってきます。

そして、各階に設置されている消防用設備の格納箱の扉を私が勝手に開けました。彼らは開けたことがなかったとのこと。私もびっくりしました。**写真11**、**12**のように内側が錆びていてボロボロと崩れ落ちました。そして、箱の中に穴が開いています。

これには同行した役員も絶句。

箱に点検した日にちが書かれているシールが重ねて貼ってありましたが、最近のものは2005年とあります。つまり、私たちのマンションが建設された時に点検して、それ以降18年間放っておかれたということになります。

私たちのマンションでも同じ箱が設置されて

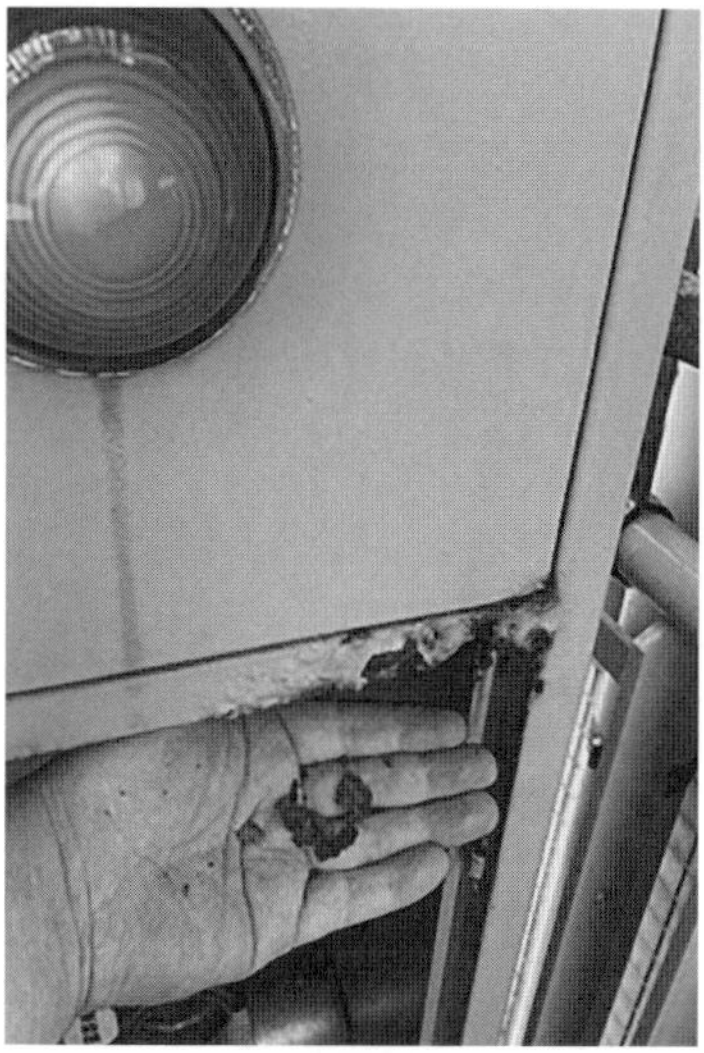

写真11　鉄の箱がボロボロ

写真12　穴が開いている惨状

います。大東京ステータスが作成した当初の長期修繕計画では5、6年ごとに鉄部塗装を実施することになっています。その期間を形式的に守ることはありませんが、やはりその年月が経つと雨水が浸み込むことで鉄の箱は外、中からも錆びてきます。

ですから毎年の建物見学会の時に必ず扉を開けて中、外の様子を確認しています。こうした点検をしないでいると、当然こんな状態になります。

経験から、錆びて穴が開くような状態になるには最低でも10年は放置されていたと言えると思います。

そこで、管理費会計の内容について資料を出してもらいました。それをもとに作成したのが**表5**です。比較するとビックリですね。

表5　大東京成増（仮称）との比較

科目	大東京成増（300戸）	三分の一で計算（100戸に換算）	大東京西台駅前（100戸で計算）
〈収入の部〉	①	②	③
管理費	39,000,000	13,000,000	12,442,800
駐車場収入等	45,000,000	15,000,000	5,838,400
収入合計	84,000,000	28,000,000	18,281,200

契約金額（+管理委託費以外）	**59,000,000**	**19,666,667**	**5,781,600**
〈支出の部〉（＋消費税）			10%
管理委託費			
基幹事務	1,550,400	516,800	396,000
基幹事務以外の組合運営支援	4,200,000	1,400,000	924,000
管理員業務	19,220,664	6,406,888	2,904,000
共用部点検、緊急対応業務	3,220,800	1,073,600	
消防用設備保守費	1,205,796	401,932	303,600
建物（建築）設備点検費	84,600	28,200	46,200
建築設備定期報告業務費		0	92,400
給水（貯水槽）設備清掃	1,254,996	418,332	66,000
機械（遠隔管理）警備費	4,644,000	1,548,000	198,000
排水管清掃費	1,430,400	476,800	343,200
清掃業務費	13,379,904	4,459,968	488,400
簡易専用水道検査費		0	19,800
オートドア、エアコン点検	198,996	66,332	
電力設備点検料	253,440	84,480	
防火防犯設備点検費	181,500	60,500	
植栽維持費	1,472,900	490,967	350,000
昇降設備保守費	4,400,400	1,466,800	520,000
駐車場設備保守費		0	400,000
電気料	2,582,877	860,959	1,916,671
水道料	283,436	94,479	43,631
保険料	2,446,500	815,500	315,048
備品消耗品費		0	100,000
リース料		0	200,000
町会費他		0	325,800
通信費		0	100,000
ネットサービス料		0	1,000,000
組合運営費	2,897,510	965,837	300,000
管理用消耗品費	138,616	46,205	
修繕費	1,103,360	367,787	
事務所諸経費	51,541	17,180	
積立金口への繰り入れ	4,000,000	1,333,333	
その他の保守料	1,575,576	525,192	
支出合計	**71,778,212**	**23,926,071**	**11,352,750**

まず、管理費の支出項目の「消防用設備保守費」の金額です。１２０万円が計上されています。当方の金額は約30万円です。

もちろん、この予算は各部屋に設置されている煙感知器などの点検の費用も入っていますが「一事が万事」。予算が計上されていても、実際の検査はいかにずさんであるか明らかにしていると思います。

管理費会計の数字を当マンションと比較できるように、大東京成増の①の金額を3分の1、つまり１００戸の数字にして②に計上しました。

管理費の収入の数字を見て下さい。②の数字は１３００万円。私たちのマンションの③の数字は１２４４万円ということでほぼ同じです。単純に１００戸で割って、１ヶ月分を計算すると、ほぼ1万円となります。

当マンションの③の金額が「適正な数字」だと言っているのではありません。あくまでも「目安」として比較し活用して欲しいのです。

マンション管理の原則、基本

ここは大事なポイントですね。この固定した管理費の収入で共用部分の管理をするというのがマンション管理の原則であり、基本です。これは私の見解ですが。

そもそも新築マンションを竣工して売り出す時の管理費の支出は、最も基本的な数字でしょう。それを前提に戸当たりの管理費の金額を算定して提示するはずです。これはマンションを購入する人たちにとって、ローンの他に一番気なる負担ですから大事な数字です。

もちろん市場競争を前提にした周辺のマンションとの比較は当然あると思いますが、それにしても変動の収入をあてにしての予算組みというのはあり得ません。

変動する金額とは、管理費の次に計上されている駐車場収入等のことです。私たちのマンションでも、**表1**のように当初の頃は800万円を超える収入がありました。

ところがその後、駅近という立地、そして車離れの世相から駐車場の空きが約3割に達し、最近では年間の収入が500万円まで減ってしまいました。

こうした傾向は各地で起きています。

しかし、わがマンションではこれまですべての支出項目について相見積を実施してきたことから、管理費の収入で管理することができ、管理費会計は余裕をもって黒字となっています。駐車場の収入は約300万円減額しましたが、約500万円はそのまま修繕積立金に繰り越されています。その他に駐輪場の使用料などがありますが、それはそれほど多額とはなりません。

ここが大事なところですね。私の知る限り、ほとんどのマンションでは建設したデベロッパーの子会社が管理会社になっています。そこで、駐車場の収入など全部把握しています。そこでその収入の数字に合わせて支出の項目を作り上げ、並べているのです。話が逆ですね。

私たちのマンションでも経験しました（表1に記載）。最初の管理会社はデベロッパー大東京の子会社の管理会社でした。その時の管理費の会計では、当たり前のように駐車場の収入を組み入れて黒字にする予算を組んでいました。

担当者は各支出項目の意味、根拠をきちんと説明をすることはありませんでした。入居してすぐの頃、自分も理事会に出席していましたが、ハロウィンのカボチャのように中身はカラッポ状態。「マンションとはそういうものだ」と思い込み、ただ管理会社の担当者の顔を見つめている状態でした。

その後も大東京ステータスの管理のままでいたら、年間500万円は余計に支出されていましたから、単純に計算すると18年間で9000万円が消えていた計算になります。

そして、修繕積立金についても「このままの修繕積立金の額だと将来の大規模修繕の時に不足する。値上げをしないでいると工事をやる時に、一時金で戸当たり50万円の負担が必要になる」と脅していました。

その言葉をきっかけに、手分けして管理費の支出項目を次々と相見積にかけたことはすでに記しました。

そして当然ですが、最後は管理会社の管理委託費もその対象にしたのです。

現在はサニーライフと管理委託契約して、578万円の契約金になっています。その支出総額は1135万円です。管理費の収入は1244万円で当初から変わりません。つまり、18年前に設定された管理費の収入の中で黒字にすることができていているのです。

大事なポイントが明らかになりましたね。もう一度①の数字に戻りましょう。大東京成増は年間3900万円の管理費の収入があるのですから、本来管理の支出はそれでまかなうべきです。

そして、これが重大な問題。駐車場は300台の規模です。駐車場の利用料金は月1万9000円ですが、やはり最近の車離れで約3割の100台分が空きになっているとのこと。それでも年間約4500万円の収入となります。すごい金額です。

本来駐車場の収入は「特別会計」にして独立させ駐車場の維持、修繕、管理にあてるべきでしょう。

ところが、①の会計では駐車場の収入も管理費の収入にプラスされ、それに対する支出総額は約7200万円に達します。管理会社任せにしてハロウィンのカボチャの頭でいるとこうなります。

意味不明の支出項目が次々

支出の各項目を見ていくと「?」のつく項目が次々とあります。「オートドア、エアコン点検」20万円。「電力設備点検料」25万円。「防火防犯設備点検費」18万円。さらに管理委託費の中で「ライフサポーター業務」（管理員業務）という科目に年間1922万円の支出が計上されています。

規模が大きいので、昼に勤務する管理人は2名です。そして、夜間勤務が1名。その人件費だとしてもこれは高額すぎるでしょう。

さらに「共用部点検、緊急対応業務」の322万円という金額も中身は不明。

そして4基のエレベーター保守費に440万円の計上です。わがマンションの場合、14階棟と6階棟に2基のエレベーターが設置されていますが、合計で52万円の管理費です。倍にしても100万円の金額でしょう。そもそもケタが違うのではないか？

わがマンションの最初の頃、大東京ステータスが発注しているF社のエレベーター管理費は142万円でした。これも、意味不明でした。その後、相見積をすることで3分の1の金額になったのです。

組合運営費の290万円の中身は何でしょう？　保険料の244万円も内容の吟味が必要です。

10億円が管理会社の懐に!?

「駐車場収入等」という金額を当マンションと同じように、別収入として計上できていれば、27年間でいくらの金額になっていたでしょう。単純に計算してみて下さい。年間4000万円としても10億円を超えます。

こういう管理に疑問を持たず過ごしてきた原因は、役員の輪番制にあります。わがマンションでも最初の頃は、管理会社が作成した名簿で輪番制を適用していました。しかし、規約のどこにもそんな決まりはありません。

マンションのための法律「区分所有法」にも、国土交通省が示している標準管理規約にもありません。役員の任期を制限するルールは、管理会社にとって都合がいいんです。

マンション問題を継続して把握し、経営で言えば不要な支出を抑え自分たちの財産を守るために、「管理組合」が責任を持つ体制を構築する必要があります。

それにはその任務を自覚する役員の存在が不可欠です。輪番制にすると平気で理事会に出てこない役員が現れます。そして、その状況は管理会社にとって都合がいいのです。

大東京成増では2021年8月に臨時総会を開催し、修繕積立金の今後の値上げの計画を決議しています。そこでこれから5年かけて値上げを実施し、毎月払う積立金を50％アップする予定です。

議案には㎡単価100円とか150円／月額と記載されているので、普通の居住者にはその数字の負担が実感されない表現になっています。

それぞれの世帯で確実に高齢化が進むのに将来の負担がどんどん重くなるのでは、安心して老後を迎えられないでしょう。

直近で排水管改修工事と大規模修繕工事が予定されており、それによって修繕積立金の残高はゼロに近くなります。

そもそも、それだけの金額をかけて修繕をしなければならないほど劣化している状態にあるのか？　私たちの経験では、戸当たり50万円から70万円の金額でそれなりの修繕工事を実施することができています。戸当たり100万円としても3億円の金額でしょう。

管理会社の支配から脱却して管理費会計を健全化し、駐車場等の収入を修繕積立金会計に繰り越すことができれば、積立金を値上げしなくても十分資金確保はできます。

そのための取り組みが、やっとこの事態に気づいた理事長、副理事長の2人から始まります。

3
脅す管理会社への対応

突然管理委託費の値上げを通告してくる管理会社

最近、管理会社が突然管理委託費の値上げを通告してきたという話をあちこちから聞きます。応じなければ撤退すると脅すのです。

私たちのところでもそういう経験をしました。

築10年目で大東京ステータスから管理会社を変更したのですが、その時は数社による相見積を実施して「無人社」（仮称）というめずらしい名前の会社と契約しました。

そして、管理委託して3年目の1月、管理組合の通常総会の準備に入っている頃でした。理事会を開いたところ、いつも出席する管理会社担当者の代理として猫田（仮名）という人物が出席しました。

猫田は突然「管理委託費を値上げします。応じない場合は契約を終了する」と発言するのです。

「撤退するのね？」と私。猫田は「そうですね」と平然と言います。「値上げの根拠を示して下さい。分かりやすい資料で。ちゃんと上司に伝えて」「私がこの地区の責任者です」「時間がないよ。次の理事会まで必要な書類を準備して」「はい」と冷めた会話が続きます。

3月の総会1週間前の16日に、説明のための理事会を予定しました。そして、そこに会社を代表する人物の出席を求めて契約相手である管理会社代表宛に書留郵便を出しました。しかし、その場に担当者はもちろん、誰も姿を見せませんでした。こんな会社って今どきあるんですね。無人社。変わった名称ですが全国展開をしている会社です。

当たり前ですが、契約というのは当事者の信頼関係を前提にして交わすものです。ところが、会社代表者からの連絡は一切無し。

管理組合の全国団体「NPO集住センター」のニュースによれば「管理組合受難の時代へ」ということで、何も考えずにいたら管理組合が破綻するという記事を配信しています。

大手の管理会社が、人件費高騰を理由に問答無用で値上げを通告してくるというのです。記事を読んだ時、わがマンションのことが記事になったのかと思いました。管理組合の役員が無関心でいると、こうした強引なやり方に右往左往するばかりになってしまいます。

しかし私たちはすでに管理会社変更を経験してきていますから、その撤退の話に驚く必要がありません。

この時の対応で大事な教訓を得ました。こういう展開になった時に、管理会社の本社が東京にないと直接代表者と面会して事情を確認することができない。普段の管理委託関係の時でも、取締役の存在も知らないというのは、信頼のおける仕事をしていることになるのか。

そんなことを考えながら、再度相見積を実施するために、都内に本社を置く管理会社3社を訪問することにしました。

本社が遠いと押し掛けることもできません。会社の実態が霞《カスミ》のかなたでは、問題が起こった時に解決の道筋が見えません。

相見積を依頼する文書を作成して郵送で済ますのではなく、1日かけて3社を回って歩きました。

いきなりの訪問ですが、これが正解でした。それぞれの会社の様子がおぼろげに分かります。対応した受付の人物の表情、言葉遣い。会社の受付はキーパーソンですね。そして、突然の訪問者を相手にする課長クラスの人物が会社の内実を伝えます。

怪訝な顔して現れる人、とりあえず笑顔を作って様子を見る風情の人、緊張で頬の皮がつっぱっている人。

大事な相見積

わがマンションでは「入札に関する細則」（巻末に提示しています）を作っていますから、それに則った見積もりになることを伝えます。

ところで、なしのつぶての無人社は、一方でこちらの総会と同じ日に不思議な行動に出ます。「重要事項説明会をマンション近所の区の集会所で開催する」という案内文書と重要事項説明書を、マンション内の全ポストに投函したのです。しかも、その時の不審な人物の作業をマンション内の監視センサーがとらえ、警備会社が出動するおまけつきです。

理事会を欠席して値上げの根拠の説明をしない無人社の提案を、私たちが取り上げるはずがありません。

そこで見積書を出してくれた3社の中から条件が同じことを確認した上で、無人社の値上げ額よりも安い管理委託費を提示してきた管理会社に変更することを理事会で決め、総会でもそのまま決定。

無人社に対しては管理委託契約書に定められているように3ヶ月後の6月に契約を終了することを総会の場で確認し、ただちに書留で本社宛に通知しました。

こんなことがみなさんのところであったらあわてることはありません。今どき管理会社の相見積は簡単にできます。それを引き受けるサイトもあります。しかし、ここで注意。そこだけに頼るのではなく、探せば自主的な管理組合のネットワークなどがあります。

また、近所の他の管理組合から情報を得ることも大事です。必ず複数社の見積もりを取ること。ここで基本的なことです。必ず「入札に関する細則」を作っておいて下さい。そして見積書は封をして提出してもらい、理事会の場で開封し条件が同じことを確認して最安値で落札する。そういうルールを徹底することが大事です。

マンション入居当初に提示された管理費会計の支出項目の金額は、管理会社が設定しています。ですから、管理会社は協力会社に発注することを前提にして一定の金額のマージンを上乗せしています。

まずは一つでもいいので自分たちで相見積をやってみて下さい。今はキーワードでネット検索すると、物資の購入、工事の業者を探すことができます。

これを役員で手分けしてやることが大事です。こうした取り組みを重ねていけば、確実に節約金額の成果が上がってきて自信もつきます。

マンション管理に手遅れはありません

築年数が30年、40年となると住人も高齢化します。そして、年金生活者がほとんどになり、管理費、修繕積立金の値上げもままならないという悲鳴を聞きます。しかし、その窮状は自分たちの「無知、無関心」が引き起こしたこと。

いくつになろうとも、そこで気がついたらかつての社会的経験を生かして挽回しましょう。サラリーマンであれば現役の頃の知恵、パソコンなどの技術。経営者であれば損得に厳しい感覚、経費は1円の無駄もないようなチェックをしていたことを思い出すべきです。

マンション管理士、建築士、コンサルなどという専門家によりかかると貴重なお金を持っていかれてしまいます。

「自立自尊」が大事ですね。そういう緊張感を役員が持ち始めると、管理会社は賢い「飼い犬」程度の仕事をするようになります。しかし、油断をすると「ハイエナ」に早変わりして、あなたの足の肉を食いちぎっていきます。

本当にハイエナがいました

こんな原稿を書いているさなかに、自分の足の肉もかじられて持っていかれました。分かったきっかけは、3月に予定されている総会に提出する決算の数字を確認していた時。異様に印刷費が膨らんでいたのです。

当初の予算は14万円でした。総会議事録、理事会議事録、規約改正を反映させた規約の印刷などがありましたから、会計の検査の時に疑問に思わなかったのですが、改めて会計資料を精査してみると、理事長（管理者）の承認印のない決済資料が複数混じっています。その総額は約50万円にのぼります。

理事会の場で無人社の担当者に、これはどういうことかと質問しましたが答えられません。そもそも、理事長の許可なしに勝手に管理組合の口座からお金を引き出せる仕組みが理解できません。

もちろん管理組合の印鑑は理事長である私が持っています。当初の契約書には定額委託料の金額が明示されており、毎月定額が引き落とされることになっていました。しかし、その他の必要経費については金額が明示されていません。

ところが理事長（管理者）の承認なく「ワイドネット」というシステムで引き落としをかけていたのです。

1年に1回、総会の時に決算資料としてまとまった資料を渡してきますが、ついこちらも会計担当理事、監事に任せきりで細かいところまで点検していませんでした。それがスキを見せた原因だったのです。

定額委託料には含まれない費用として、ン十万円を抜き取る。ホント、油断も隙もありません。

さてどうやってその金額を取り戻すか。毎月の会計資料は提出されてきますが、その元となっている生の資料は提出されていません。

議事録の印刷費は本来、総会・理事会支援という「総合管理業務」の中に含まれるはずです。他の管理会社は「別途徴収することはない」と明言しているのですが、無人社は定額委託料以外の費用ということで「引落依頼兼支払証明書」なる紙で理事長の承認印なしに勝手に管理組合の口座から金を引き下ろしていたのです。

つまり管理組合の口座が無人社のATMになっていたのです。信じられませんね。金額はン十万円。国土交通省には「横領」だとして申し入れをしました。無人社の東京の責任者は2期にわたってそういう事実があったことを認めていますから、あとはマンション管理適正化法に基づいて国土交通省がどういう処分をするかという問題になっていきます。もちろん、勝手に持っていった金はキッチリ返してもらいます。

無人社はH市に本社があります。社長のホームページ上の談話には立派なことが書いてあったのですが、実態は天と地ほど違っていましたね。

相手も「間違って計算し受領していた」ことは認めています。今度締める会計で「相殺」すると言っているのですが、そういうわけにはいきません。

すでに、総会を過ぎていますからね。無人社の懐に入ったこちらのお金は、きちんとけじめをつけて責任者が持ってくるのは当たり前でしょう。そうでなければ、横領で刑事告訴も辞さない覚悟でいます。

わがマンションではこれをきっかけに管理会社の相見積を実施しました。そして、新しい管理会社と契約。

　無人社はそういう展開を予測していなかったのでしょう。とんでもなく引き継ぎ作業に非協力的でした。しかし、こちらはサクサクと手続きを進めました。

そしてこちらの了承なく勝手に引き出していたお金も、無人社が返金することとなりました。これも引き継ぎ騒動があったから判明したこと。

　みなさん、管理会社の変更は契約関係を洗いなおす良いきっかけです。もともと1年契約なんですから、割り切って管理会社の相見積を取ることを勧めます。

4 根本的な問題

「大規模修繕」ってな〜に？

冒頭でとり上げた事例でもそうですが、周辺で話を聞いても管理会社のいいなりで大規模修繕をやっているところがほとんどです。そして、当然のように修繕積立金の金庫が空っぽになる。

最近聞いた他のマンションの話ですが、居住者の中に建設会社の社員、また元役員がいる。そして一級建築士や弁護士といった〝専門家〟が住んでいる場合もある。その人たちが修繕委員会のメンバーになっています。

居住者は「専門家がいて助かった」と単純に思っているのですが、実は修繕委員会が「談合委員会」になっていることもあるのです。

うすうす気がついた人がいてもマンションという「長屋」住まいでは、へたにしゃべると反撃にあって孤立することになりかねない。

そこに管理会社があの手、この手でワナをしかけてくる。私がその手口を説明すると納得する風ですが、そこから突然貝になってしまいます。さ〜てどうしましょう？

国土交通省が「長期修繕計画作成ガイドライン」という文書を公表しています。そこには「マンションには、様々な形態、形状、仕様等があり立地条件も異なっていることから、これらの諸条件に応じた長期修繕計画とする……」としています。

そして大規模修繕については「12年程度の周期で行うことが一般的」としています。それを管理会社やデベロッパーは徹底的に利用するのです。

築12年近くになると「国土交通省が築12年で大規模修繕工事をするように言っている」と役員を繰り返し説得。いつのまにか「程度」が「期限」に「一般的」が「原則」にすり替わっています。

そして「大規模修繕工事をやらないとマンションがボロボロになる」なんて脅すのです。

わがマンションでも同じセリフを呪文のように唱える人たちがいました。

２０１１年4月ですが、国土交通省は「マンションの修繕積立金に関するガイドライン」を明らかにしました。

「一般に分譲業者が修繕積立金の額を低く設定しているので、修繕積立金が不足するという問題が生じている」というのです。

そこで全国600万棟のマンションからたった84事例を取り出し、修繕積立金の各住戸の㎡当たりの平均値を計算しました。

それによれば延床面積5000㎡～10000㎡のマンションでの平均値は202円／㎡・月額とあります。

わがマンションは約7000㎡ですからその規模に当てはまります。そうすると70㎡の部屋で月額14000円でなければいけません。

でもここで注意!!　国土交通省が示した数字はあくまで「目安」なのです。ところがいつしか「適正価格」として独り歩きします。マンション管理士など専門家と称する人たちがそう説明し、それに便乗して管理会社の担当者も役員を説得します。

私もセミナーの講演で聴いたことがあります。こうしてマンション住まいは金がかかるということが刷り込まれていくのです。

「形あるものは必ず壊れる」。真実だと誰でも思います。鉄筋コンクリート造りのマンションも時が来れば壊れる。どこで聞いたか記憶にはありませんが「50年もすれば建て替えを考えなきゃいけない」と思い込んでいました。

ドイツでは

都市政策に詳しい弁護士と一緒にドイツを訪問したことがあります。その時に地域政府の担当者と話す機会がありましたが、彼が言うには「ドイツでは共同住宅に管理組合はない。修理費は自分で貯蓄しておくべきもの。さらに、生け垣などの植栽を粗末にしていたら自治体から苦情が来る。自分の所有物は自分で責任をもって管理するというのが民主主義の原則。ファサードという建物の外観部分、街並みの景観に影響を与えるところは10年くらいで塗り替えなどの補修が必要となる。見た目がみっともなくなると警告をする。発生する費用は所有者が負わなければなりません」と明快です。

なんだろ？　日本のマンションの居住者は「ホテル住まい」の感覚でしょうか。「管理費を払っているんだからやってもらって当たり前」みたいな。

「民主主義」という言葉を馬鹿にして笑っていますし。

「建物の外観を10年程度で塗り替え、周辺の景観に配慮して見栄えを良くする」。ドイツのやり方ですが、これにはデベロッパーはもちろん、建設会社の利益に忖度する日本の国土交通省なら飛びつきます。

日本で大規模修繕の周期を10年程度が目安としていたのはそこからか……。

それが最近、12年程度になって、さらに見直しの動きがあります。そこで、外観だけでなく屋上防水、排水管、シーリングの打ち替えなどホントは必要のないところまで修理項目に入れてしまう。

住人はほぼ素人です。専門家と称する集団にあれこれ指図されると、その話を信じるしかありません。

そして、戸当たり100万円という修繕費を負担することになります。

わがマンションでは、当初1億4000万円、つまり戸当たり約140万円かけて修繕工事を実施する計画になっていました。

彼は言います。「日本の基本的問題はドイツの工法基準からすると欠陥物であるという品質水準の低さです。建築物は何十年後には廃棄処分するという前提で建築されているので、その修復は困難であり無意味だというのが私の見立てです」

なんだか、ムカッとしますが、当たっているところもありますね。

イギリスでは

そこで、イギリスで活躍する、やはり日本人の建築家にも聞いてみました。

イギリスでは、築200年が当たり前だというのです。

イギリスでプロとして仕事をしてきた彼は、「自分の財産については自己責任、自分で守るという意識がはっきりしている」と語ります。

そして「思想のある建築家に仕事が集まる」とも。さらに「古い物の方に価値がある」という言葉も大事だと思います。

古いものをゴミにしてしまう日本とは真逆です。

「ドイツには地震がないから」なんて言い訳している日本の「建築士」に対して、「やらないことの言い訳を見つけるのに時間を使う人たちが、日本の専門家に多い」との指摘も耳に痛いです。

木と紙の家が当たり前だったわが国で、今は鉄筋コンクリート造りのマンションが普通の居住方法になっているのですから、先輩の国から学ぶべきです。

そして「法律に頼らず、議論で勝つ」というのがイギリス人の風土というのも面白い。

鉄筋コンクリートの寿命

つい最近、いたかんネットで「鉄筋コンクリートの耐久性は半永久的」という講演がありました。奈良利男さんという一級建築士の話でした。昭和3年に東京大学の内田祥三、浜田稔両先生の「コンクリートの中性化速度実験式」の論文でコンクリートの中性化が30ミリに達する時間は約65年と推定されたとのこと。それが鉄筋コンクリートの耐久性が60～70年と言われる根拠となったといいます。

ところが横浜の100年を超える鉄筋コンクリートの建物は、中性化が進んでいるものの鉄筋はほとんど錆びていない。そこで鉄筋コンクリートの建物の寿命は半永久的だというのです。

私たちの理事会の中に区の職員がいます。公共施設の管理が仕事なので改めて聞いてみました。

「公共住宅、施設は築12年で大規模な、たとえば足場を組むような工事をやりますか？」

「やりません。というか、そもそも予算が付きません」とキッパリ。

「それでは、どのくらいで修繕工事をやりますか？」

「築30年ですね」

民間で金をかけて建設したマンションが、築12年ぐらいでボロボロになることはない！　もちろん、異変があったらその都度修繕工事をやるのは当然です。

それで維持していくのが一番現実的なんです。

国土交通省の言っているのはデベロッパーの利益に「忖度」しての話。これにコロッとやられて修繕積立金を空っぽにされるのは悲惨です。

もう一度確認！　わがマンションの話です。築3年の頃に管理会社から修繕積立金値上げの話がありました。

その時に「まずは管理費の各項目の相見積が先だ。それで節約をしよう」と提案しました。

築4年目に私が理事長になりましたから、どんどんやりました。その成果で当初の管理費は現在に至るもそのままの金額です。93戸ですが、約340㎡のテナントがあるので100戸で計算します。そうすると戸当たり約10000円／月額の管理費収入で黒字です。

そして、修繕積立金は㎡あたり100円。戸当たりで7000円程度ですね。それを値上げせず現在残高は1億5000万円を超えているのです。

当初、大東京ステータスが勝手に作った長期修繕計画書では築12年で大規模修繕工事をやることになっていて、その支出額は1億4000万円を予定していました。ね、ボーッとしていたら、今頃空っぽにされていましたね。

「大規模修繕工事」ってやっぱりおかしい！

「敗戦」を「終戦」と言ったり「玉砕」と宣言していたのに自分たちだけ生き残っていたり。8月になるとこの国の偉い人たちの無責任さを思い起こします。

「大規模修繕工事」という漢字だらけの言葉を初めて聞いた時にも、「なんじゃそれ？」と頭の中に「？」マークがいくつも並んでいました。

それから、そのタイトルが付いたセミナーにはずいぶんと参加しました。専門家？　の講演も何度も聴きました。でも、分からない。しかし、自分のマンションの「建物見学会」を5年やったころに少し見えてきました。

パーッと見渡して屋上の防水シートの傷み具合を見る。年数がたつとシートが膨らんでくる。膨らみがあまりにもひどくなったら、切り取って貼り替えるなどの対応が必要です。

また、つなぎ目ですが、汚れがついてひび割れているように見えるくらいなら問題はありません。その下の地が見えるようだと修理が必要になります。

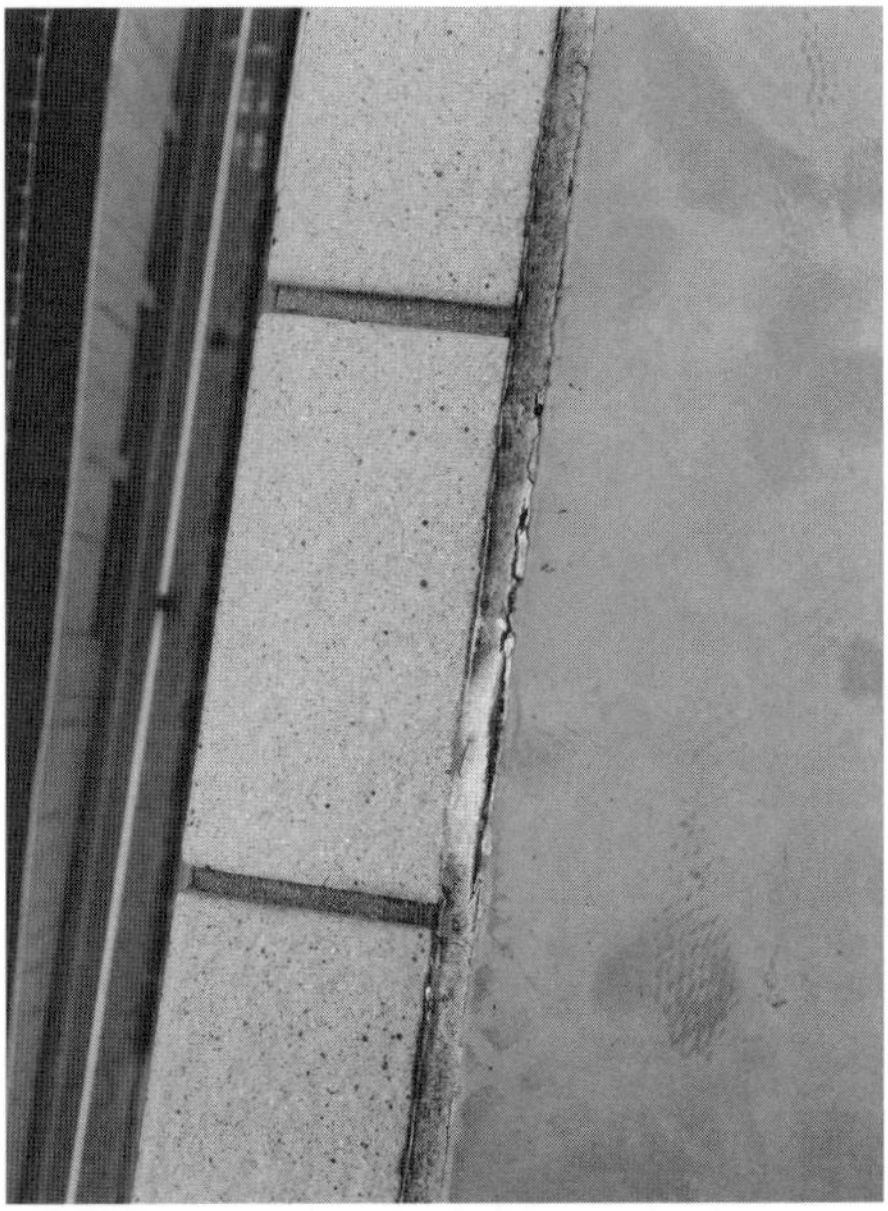
写真13　屋上へリのシーリング劣化

屋上で大事なのはパラペットと言いますが、建物のヘリの部分。そこの細いシーリングの状態（**写真13**）。他の大東京のマンションでも同じ症状があり、そこから雨が浸み込み、居住部分に漏水がありました。
またタイルの目地の具合。そこの劣化が進んできたら対処が必要です。
普段頭を下げることが嫌いな人も、たまには膝をついて頭を下げパラペットの下を覗いて見て下さい。そこに異変がないか？　亀裂、破断があったらすぐに修繕をしましょう（**写真14**）。

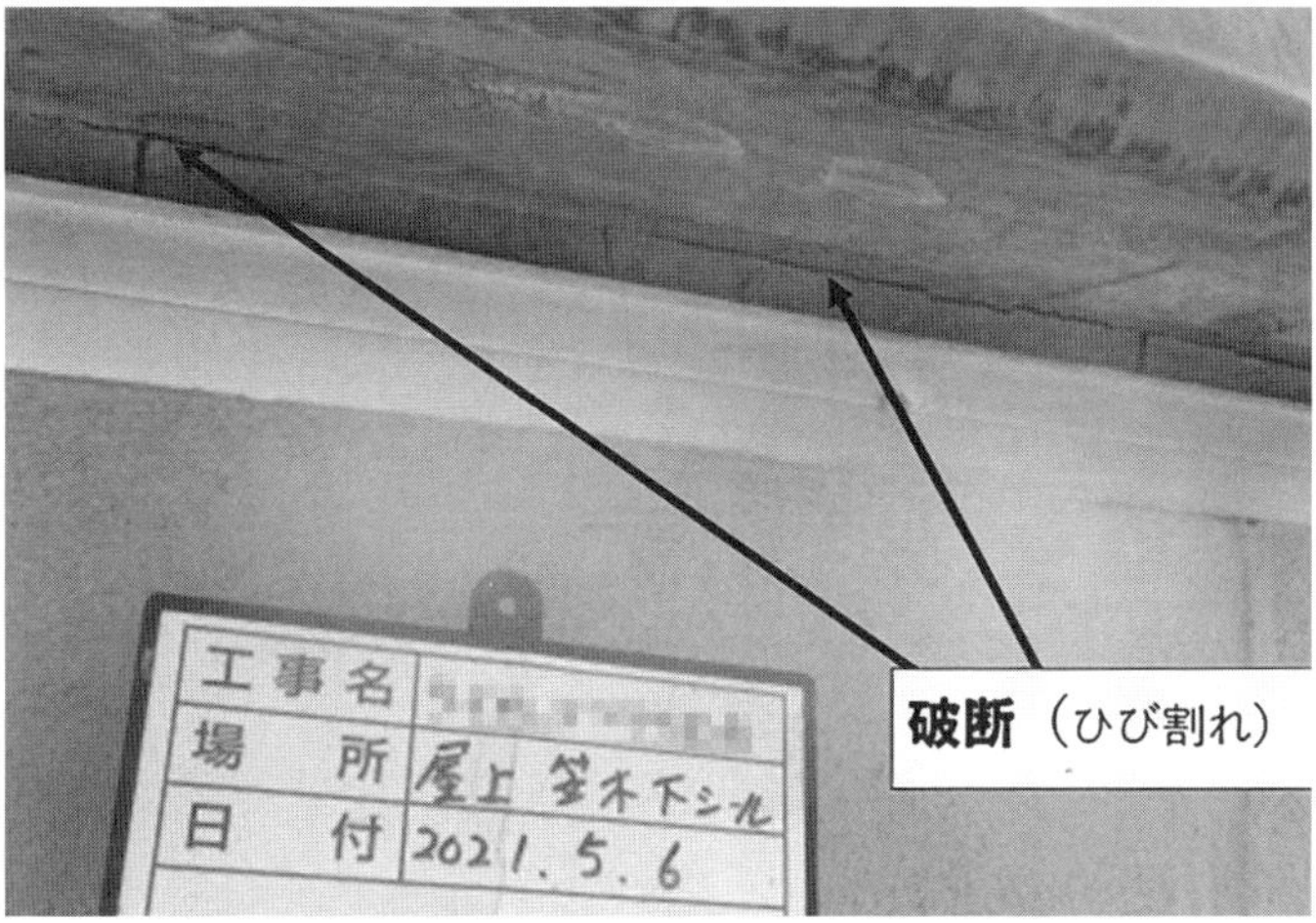

写真14　屋上のパラペットの下

一級建築士も住人と一緒に屋上に上がります。最初は30メートル下の景色を見ると足が震えていましたが、徐々に慣れてきます。

気づいた異変箇所については、同行した建築士の助言を得ながら、その都度修繕工事を実施してきました。

こうした取り組みを重ねてきたところ、「このマンションは当分大丈夫！」と御墨付きをいただくようになりました。

国土交通省が元凶ですね

都内で福岡大学建築学科の元教授、古賀一八先生の講演がありました。

その要点は「国土交通省が12年おきに大規模改修をやりませんかと言っているのは、平均的な改修時期を言っているに過ぎない」「法律でも何でもない。ちゃんと作ったマンションは20年、30年なんともない。持ちますから」「管理会社、デベロッパーは12年おきにお金が入ることを前提にやっている。そのため国土交通省が示している『目安』をあたかも決まっているように管理組合の役員に勧めてくる」。

いかがでしょうか？　これを読んでいる方は気づいたのではないでしょうか。そして古賀先生は「水のおさめ方」がポイントと断言します。私に言わせると「水との闘い」ですね。

水が建物の劣化の原因です。それにきちんと対応すれば、マンションの寿命を延ばすことができます。

最後に古賀先生は「自分のマンションの状態に関心を持って、よそのマンションを見て回ること」とアドバイスをします。その通り。あちこちの足場を組んだ現場を見て歩きました。

古賀先生は「水のおさめ方」と表現していますが、どういうことでしょう。もう少し分かりやすく整理してみましょう。

雨は最近では砂漠でも降ります。ですから地球上で雨の当たらない建築物はありません。問題は雨が降ったとしてもその水をすばやく建物外に誘導し、大地にもどすことが大事なんですね。

建築士は当然分かって設計しているはずですが、よくマンションを観察してみると、デベロッパーの利益を優先して居住者・所有者の利益を二の次、三の次にして設計している例が山ほどあるのです。

わがマンションでも、あちこちに構造的に無理をしている箇所があります。そのあたりに集中してクラック（ヒビ）やタイルの浮きが発生して劣化が進んでいるのです。

また、マンションの高いところの壁やタイルは、じかに見ることが難しい。降った雨がどういう経路をたどって大地に戻っていくのか。たかだか１００戸のマンションでも、自分が住んでいる部屋以外のところを日常的に観察することは難しいものです。

しかし、ドローンを活用して可視光線と赤外線で壁面を撮影し、タイルの浮きなどの異変を察知することはできます（写真15）。

写真15　ドローンで壁面撮影

そして、必要な修繕工事を必要な時に行っていく。それによってマンションの寿命を延ばすことができる。

これがマンション問題の一番の深部かもしれませんね。築18年、頭の中にいつも「？」を浮かばせて取り組んできて、やっとここまでたどり着きました。

結論！「大規模」なんて根拠がない

しかし、居住者（区分所有者）が自分たちの住んでいるマンションに無関心で管理会社任せにしていれば、「形あるものが劣化」するのは当たり前。そこに専門家や管理会社の担当者がほんの少しのヒビ、タイルの浮きをあげつらい、「こんなに劣化が進んでいる。これじゃボロボロになる」と無知な役員と住人の不安をあおる。

そして、勝手に作り上げた「長期修繕計画書」（これが管理会社のワナ。本当は管理会社の売上予定表にすぎない。事情を知らない居住者の総会で決議している）を示して「大規模修繕工事」を勧めてくる。

こうなると、素人集団の管理組合役員はコロッとやられてしまいます。

国土交通省の「長期修繕計画作成ガイドライン」の「用語の定義」では「大規模修繕工事」とは「建物の全体又は複数の部位について行う大規模な計画修繕工事をいいます」とあります。意味が分かりますか？　ですから、足場を組んでいかにもたいそうな工事をやっているように見せる必要がある。

ところが、組立足場で囲まれたマンションの工事現場をあちこち見に行きましたが、作業員が見あたらない。せいぜい2人か3人の影がちらつくだけ。

そして足場だけが半年もそびえていたりする。いや、工事が必要なことは分かります。劣化した外壁の見栄えを良くすること。一部、タイルが浮いていたり、ヒビが入っているところの手当てをすること。サビが生じた部分を塗装すること。


しかしそんなことは、足場を組まなくても他の工法で対処することができます。ブランコやゴンドラでやる会社もあります。

そもそも、耐震工事のように構造部分に手を加えるわけではないのですから、建物の強度を高める工事ではない。そういう「大規模」では決してないのです。

当事者たちに直接聞きました

工事会社社長いわく、「30年程度で壊れるような建築物を、この時代に造るわけがない！」。役所の公共建築物のメンテナンス担当は、「15年程度で公共建築物にそんな予算が付くことはない！」とキッパリ。

ましてや、いつ発生するか分からない関東巨大地震への対策を考えたら、今この時期に貴重な修繕積立金を使って無駄な工事をするべきじゃない。これは断言できます。

わがマンションでは「都度修繕工事」（大規模に対するこの言葉が大事！）で支出した費用は、ここ3年間の累積で約６０００万円程度です。

大東京のワナの長期修繕計画書では「大規模修繕工事」として1億４０００万円を支出する

ことになっていました。それには当初の修繕積立金では足りないので1戸あたり50万円を一時金で負担するか、3年ごとに積立金を値上げするかと迫られていたのです。

そんなウソを見抜いて、大東京ステータスを追放したのですけれど。

「都度修繕」で大丈夫

そこで、加入している「NPO集住センター」から年に1回一級建築士に来てもらい、みんなに呼び掛けて「建物見学会」を開催してきたのです。さらに役員だけでもう1回管理会社の一級建築士と見て歩きます。つまり年に2回は自分たちのマンションを見て歩きました。建築の設計、工事について素人でも、これを繰り返すことで自分たちのマンションの状況がよく分かってきます。下手な専門家より目が肥えてくるのです。

築10年の頃、屋上の防水シートがあちこち膨れてきて、誰が見ても異常な景色になっていました。また、パレットの裏側のシールが破断しています。

そこで屋上の防水シートの一部を切開して貼り替え、さらにシーリングの打ち替えを行い塗装工事も実施しました。

もちろんこれも相見積を実施。A社は約800万円。B社は約300万円の金額でした。そこで、B社に発注。

また、壁のタイルの目地から白く雨だれのようになっている箇所があり、確認しました。そうしたところ、タイルが浮いているのが分かりました。雨水が浸み込みコンクリートの成分が垂れてきていたのです。

どちらも建築当初の不良工事が原因でした。その他の劣化はそんなに進まないのです。そこで、すぐに「大規模修繕工事」をやるのではなく、異変のある所の工事を実施していく。これを私たちは「都度修繕工事」と呼びました。それを重ねることで、マンションの状態は維持できます。

見学会に来られる建築士など専門家は、一様に「よく管理されている。当面大きな工事は必要がない」と断言します。つまり「専門家に頼るのではなく、専門家を上手に活用する」ことが大事です。

アレ？　どこかで読んだ話だな……

このあたりを書きながら思い出しました。そう、「外装専科」の伊藤社長の著書『間違いだらけの大規模修繕』に書かれていました。

この本は10年前に読みました。最近、外装専科に相見積を取るため連絡を取ったところ、またその本が送られてきました。内容を忘れていました。

「建築士は建物を設計する時のプロだけれど修繕工事のプロではない」「修繕積立金を大事にしつつ、適切な時に工事を行うことが必要」「そこに修繕積立金があるから管理会社は大規模修繕を熱心に勧める」「小規模、中規模の工事を早めに行うことが、資産価値の低下を防止するとともに、いつも快適なマンションで暮らすことができる秘訣です」

原発事故の経験からそう思っていましたが、「専門家」は金を出すところのために仕事をする。これは弁護士などでも同じ。結論ですが、この問題は私たち自身が少し利口になること。それにつきますね！

近所の大東京マンションの話

近所の100戸の大東京のマンションですが、築11年にならないのに大規模修繕工事の話が進んでいます。

大東京ステータス主導で修繕委員会が立ち上げられました。そして先週の土曜日に初めての委員会が開催されました。

そこに、管理組合は頼んでもいないのに管理会社が見積書を出してきたそうです。その金額は1億8千万円。実は修繕積立金の残高は1億9千万円なのです。

それを知っていますからね。本当に管理会社ってなんでしょう？

わがマンションでも築6年の頃「管理費払っているんだから管理会社に任せればいいでしょう」という人が理事長になりました。その発言を聞いて「これは任せておけない」と決意して私が理事長に復帰しました。

高島平にある35戸の大東京のマンションでは、築25年程度で2回の大規模修繕工事が行われ当然積立金は空っぽ。

当面の費用が必要だからと3000万円を銀行から借り入れました。その金利は大東京が負担したそうです。優しいですね!?　こうして「大東京の蟻地獄」から抜けられなくなります。

そして案の定、管理委託費の値上げの話が出ているそうです。

修繕委員会に同じ顔触れが長年とぐろを巻いている組合があります。

一年交代、あるいは半数交代制の理事会の方は管理会社のアリバイ説明の場になっていて、2時間、3時間もかけて平気で井戸端会議をやっています。

一方、理事会の諮問機関のはずの修繕委員会が修繕工事の執行権限を持っている。そこに元建設会社役員、社員、あるいは親族に建設関係者がいる人が入り込んでいます。

近所の管理組合もそう。彼らは巧みに談合の構図を作り上げています。

わがマンションでは、そもそも修繕委員会を設けていません。設置するべきだとの声もありましたが、組織が屋上屋になると判断して設置せず、理事会の中で役割分担して対応しています。その方が効率よく仕事ができます。

というわけで、今朝、ゴンドラに乗りました

おととし、ゴンドラ（写真16）で14階棟の壁面の修繕工事を行いました。地上から見ているだけでは本当のところが分かりません。そこで工事会社にお願いをしてゴンドラに乗せてもらいました。子供が小さい頃の遊園地以来!? のことでワクワクしました。やはり現場を見ると違います。

打診棒でタイルをなぞると乾いた音で浮きがはっきり分かります。そして作業員に対処方法を聞きます。コレが大事。工事内容が理解できます。

また、タイルのクラック（ひび割れ）ですがモルタルのヒビからの延長で、0・1ミリくらいのクラックがかすかに入っています。

これだとドローンの画像では判断はできませ

写真16　ゴンドラでも必要な作業はできます

ん。これにはエバーガードという塗料を塗って剥離と水の浸み込みを防ぎます。シーリングはあちこち傷んでいます。

そこで古いシーリングをはぎ取って新しいのを充填します。この作業を１０００万円、２０００万円なんて大金をかけて大掛かりな足場を組んでやっていたのです。

今では、ブランコやチェアデッキ、そしてゴンドラで作業できる。

どうですか？　ボーッとしているとお金が消えていくでしょう！

木と紙の家に住んできました

思えば、父が１９４７年、満州から引き揚げて津軽に建てた家は古材を使ったバラックのような家。それでも改造を繰り返し家族で住んでいました。最後は解体して更地にしましたが、そんな建物でも60年の歳月を超えていました。

それなのに鉄筋コンクリートの建物が、築50年ぐらいで建て替えが必要なわけがない。ここがポイントでした。不良工事の建築物は別ですよ。

近所に板橋のマンションの草分けのような、H社が建設した11階建て戸数１００戸のマンションがあります。築40数年経過しています。当然、居住者はみな高齢化しています。

そして当然のように管理組合役員、住人から建て替えの話が出てくるのです。

その前に最後の大規模修繕ということで、7000万円以上かけて上っ面だけ塗装する工事をやっています。

そもそも耐震性に問題のあるマンションですが、調査すると悪い結果が出たら価値が下がるとみんなで口にチャック。

ね、大規模修繕ってな〜〜に？　って言いたくなるでしょう？

5 その他大事なこと

シーリングのこと

「シーリング」なんて言われても、それが何を意味するのか、全く知りませんでした。

外壁のつなぎ目を埋めているゴムのような材料で、「防水・気密」を施すという重要な役割を担っていると知るのはずいぶん経ってからです。「コーキング」という言葉もあるのでややこしい。ここは、それぞれネットで調べて下さい。私はパッキンという言葉がぴったりきました。ビンに何か食材を入れて、匂いとかがもれないようにゴム製のパッキンがついているふたをする。そうすると気密性が保たれる。あれですね。

やはり「建物見学会」が大事です。２０１８年に実施した見学会に同行してくれた建築士が、廊下の部分のシーリングが異常にべたついていると指摘して、打ち替えするよう助言してくれました。

写真17　不良のシーリングです

他のマンションでも同様の現象が発生していて、その原因はY社が製造したシーリング材の不良によるものだというのです。

写真17はマンション内の日の当たらない廊下のシーリングです。硬化せずベトベト状態。触ると指に黒く汚れがついて石鹸では落ちません。ベランダにも同じ現象があり、洗濯物を干す時にうっかり触って指にこびりついてしまうという苦情が数件寄せられていました。

そこでマンションの外壁、ベランダ、廊下など全体について調べたところ状況は同じでした。玄関のエントランスの大理石のすき間を埋めているシーリングもベトベト。その油性分が染み出しているのか、黒い模様となっています。

そこで、2019年にY社に連絡を取り、担当者に来てもらいました。その後、一部を切り取って持ち帰り分析したのですが、自分のところの製品かどうか不明だと連絡がありました。

それに対し、建築士からマンションの工事完成引渡書類に何らかの記載があるはずとの助言があり、書類を確認しました。そうしたところその書類の「仕上げ表」に「〇〇〇：ＡＢＣ５００」という記述がありました。これはＹ社が製造していた製品です。

そして、さらに施工業者名が明記されていたことから、その会社に連絡を取り、社長に来てもらってエントランスのソファに座り話を聞きました。社長は「Ｙ社以外のシーリングをうちで扱っていない。ここのマンションのシーリングはすべてＡＢＣ５００だ」と明言しました。

その後、足場を組んで外壁のシーリングの状態を確認してみたところ、南側外壁のシーリングの傷みがひどく、ひび割れたり、穴が開いて水が染み出していたりしています（**写真18、写真19**）。

これはこのままにしておくわけにはいかないので、新しいシーリングに打ち替えをする必要があります。

そこで、２０２０年、２０２１年と2年かけてシーリングの打ち替え工事を実施しました。

そして、これにかかった費用約６０００万円を負担するようＹ社に対して訴訟を提起しました。

Ｙ社はこのシーリング材が自社の製品であるかどうかは不明。そもそも、シーリング材の軟化は経年劣化による現象であって、製品不良を意味するものでない。

写真18　シーリングに穴が開いて水が染み出しています

写真19　シーリングの破断から水が入りタイルが浮く

破断や軟化は、施工後10年以上経過したシーリング材には通常起こりうる一般的な状態である。石材での染み出しも一般的に起こる現象である。として一切の責任を認めていません。

裁判は2020年12月から始まり2年を超えました。

当方の主張が認められるかどうか不明ですが、この裁判の行方も今後の資金計画に大きく影響することになります。

金食い虫の機械式駐車場問題

これはどこのマンションでも問題になっています。この時代状況です。みんな車に乗らなくなっています。わがマンションは都営三田線西台駅下車徒歩1分にあります。

そこに併設されている機械式駐車場ですが、17年前の竣工当初はすぐに全部埋まり、年間約800万円の駐車場使用料の収入がありました。

装置は地下2階、地上2階、4段8列のパズル式と呼ばれる装置です。2台分は出入りのためのスペースですから、稼働しているのは30台分。その後徐々に解約する人が増え、12台の空きができ、稼働率はほぼ7割です（写真20）。

しかし装置を維持するためには全体を対象にして、サビ塗装や部品交換をする必要があります。

写真20　地上2階、地下2階の駐車場

パレットや鉄部にサビが目立つようになり、チェーンや滑車が摩耗してきて破断することもありました。

　そこで、サビ塗装の見積もりを取ったら400万円。さらに部品交換の見積もりを依頼したら1000万円を超える金額。そして、築30年の頃には1800万円かけて装置全体を交換する必要があると、管理会社の作成した長期修繕計画書に記載されています。

　それに付き合っているわけにはいきません。そこで、現状の利用実態に合わせ規模を縮小し、装置を横にも動く複雑なパズル式をやめて、上下動だけの単純な装置にすることで部品の数を節約する。

　錆びる材料は使用しないようにすることで修理費用を節約する。といった内容で相見積を取ったのですが、3社が応じてくれました。A社は3000万円、B社は2000万円、そしてC社は1300万円という数字を出してきました。C社もれっきとしたメーカーでしたので、

写真21　地上1階、地下2階に改造

C社で落札しました。

すでに稼働していますが、地上2階部分の装置を撤去したこと。そして、あちこちの部品が錆びている景色がなくなったことでマンション全体の古びたイメージが消えました（**写真21**）。

そして、大事なのは維持費が最初の頃は70万円かかっていたのですが、単純な装置にしたことで26万円となり、ここでも年額44万円の節約となりました。

この問題はどこのマンションでも直面するテーマです。

みなさんのところでも、必ず相見積で取り組んでみて下さい。大きな成果が上がります。

「認定」「評価」制度について

２０２２年４月から、マンション管理計画「認定」制度とマンション管理適正「評価」制度ができました。

しかし、その字づらを見て「ああなるほどそういう意味ね」と理解できる人はほとんどいないでしょう。私もその１人でした。何度も解説の資料を読み直して、やっとそれなりの理解に達したところです。

まず、認定制度は国土交通省が創設した制度で、その具体的な適用は各自治体で行っていくことになっています。わがマンションは板橋区にありますから、区が窓口になって認定の手続きをすることになります。

そして、その認定を受けたマンションは「適正な管理を推進しているマンション」ということになるのだそうです。

さらに「評価」制度の方ですが、これはマンション管理業協会が創設した制度で「マンションの管理や管理組合の運営状況を評価する」のが目的だそうです。

それぞれ調査項目は多岐にわたります。

それにしても、なんでこんな似たような制度を複数作る必要があるのか、さっぱり分かりませんね。

しかし、認定・評価を受けたマンションは「管理がしっかりしている」と評価され、資産価値が上がるとなれば、一応はクリアしておこうと思うのは仕方がないこと。そこで、当マンションでも手続きを進めることにしました。

その作業をする中で思ったことですが、どちらの制度も「居住者・区分所有者が安心して暮らしていけるかどうか」が大事なポイントとしています。

そうすると、この本の中で一貫して追求してきたことですが、居住者・区分所有者が老後も安心して暮らせる「マンション管理」が行われているかどうかが一番の課題でしょう。

それを踏まえて考えれば、「管理費・修繕積立金の値上げのないマンション管理が行われているかどうか」に尽きるのではないか。

これまで認定・評価を受けたマンションは、２０２３年6月の時点で60組合ぐらいにのぼるということですが、それらの組合でそういう管理が行われているのかどうか？

ところが、平気で修繕積立金の値上げが計画されている組合も、「認定・評価」をクリアしているのです。その事実を知った時に、いったいこの制度はなんなのかと率直に疑問が湧いたのでした。

でも、まずは「認定・評価」をクリアしてから、制度の在り方を問題にしていかなければと考えているところです。

節電の取り組み

電力料金の値上げが大きな問題になりつつあります。東京では16%ぐらいの値上げになるようです。

当マンションでは、これまで年間230万円ぐらいの電気料金でした。これを同じ大東京の近所のマンションの支出と比較してみました。大事なことですね。ほぼ同じ大きさのマンションなのですが、そちらは130万円の支出なのです。

早速、こちらのマンションの照明灯の実情を調べてみました。そうしたところ照明器具の数は約260ヶ所。これまでも昼についている照明灯もあり、無駄だなと思われているものもあります。

そこで3月に開かれた通常総会で、「節電対策の実施に関する件」ということで特別決議の議題として取り上げました。

居住者の日常の生活に影響する問題ですからね。なんにも対策を講じないと当然管理費の支出が膨らんでいく原因になります。結果、管理費の値上げにつながってもおかしくない。

総会では「事前に正確な計画を設定して提案することは困難。まずは試験的な節電対策を講じていって、居住者が毎日の生活の中で気がついたことを申し出てもらって、それをこまめに検証しながらより現実的な節電対策にしていく」ことを説明して提案しました。

そうしたところ、圧倒的な多数で議決することができました。

そこで、理事会で具体的な取り組みを相談。昼の時間と夜の時間に理事でマンション内を歩き回り、現状を確認しながら不要と思われる照明器具を消して歩きました。その数、ほぼ120ヶ所。

住人からは今のところ「暗くなった」「このくらいなら気にならない」との感想が寄せられています。

もう少し様子を見ながら、そして節電の効果についても検証しながらさらに取り組んでいくことにしています。

マンション管理の基本問題

マンション問題は住民問題ですね。小学校、中学校あたりで「民主主義」の基本を学んできていればもう少し違うと思うのですが、先生が上から管理し、生徒が役割分担している学級会のセレモニーしか身についていませんからね。

マンションという「立て長屋」での自治をどうすればいいのか。もう一度原点に戻って考えるべきですね。

まずは直面するテーマについて、自分たちでよく調べる。基本認識がほぼ一緒になったところで意見の違いを確認する。そして、問題の解決方法の違いを理解する。あとは多数決で結論を出す。

その後、多数派の選択と手法が誤りであったことが分かったら、少数派にその後の運営は任せる。

そもそも、法律、標準管理規約のどこにも輪番制で役員は選任されるなんて書いてありません。

輪番制は管理会社の都合で階ごと、あるいは棟ごとに輪番表を作成して、それに基づいて決めていることが多い。

わがマンションでもそうでした。それを踏襲すると管理会社が管理組合を牛耳ることになってしまいます。これは即刻やめた方がいい。これが管理会社に喰われる原因になっています。相談に来る他の管理組合の役員にそうアドバイスをするのですが、ずうっと輪番制でやってきたので、それを今変えることはできないと目を伏せてしまう。

なんで正しい方に進むのに躊躇するのか、私には全く分からないのです。

当たり前にするのにひと悶着

私が理事長に復帰する4年ほど前の理事会。管理会社の変更など大事な問題が山積しているのに、その時の理事長らは「役員の任期を制限する規約改正」を実現しようとしました。しかし、法律上も規約上もそんな制限はありません。

　私を狙い撃ちにした規約改正のもくろみだったのです。そこで、私はそれに反対する文書を配布して個別に訪問して歩き委任状を集めました。もちろん25％以上の委任状を集めて特別決議を否決しました。

　そして、役員改選となりました。彼らは全員立候補をしませんでした。私が孤立すると思ったようです。ところが、その場で6人の若いメンバーが会場で手を挙げ立候補を表明。これには私も驚きました。

　そこからは、同じ方向で管理組合の運営にあたることができました。ここまでたどり着くのに10年かかったのです。

保険の話

「だまされない！」というテーマの最初に来るのが保険のことじゃないかとも思います。みなさん、ご自身で契約している何かしらの保険の内容を熟知していますか？　保険代理店の営業の方の説明を聞いて納得して契約したはずなのに、実はよく分かっていなかった、などという話は普通にあります。

それが、管理組合が契約している保険となると、人ごとで管理会社の担当者の言いなりに契約内容を決めてしまっているのが現実でしょう。

近所の築42年、戸数約100戸のマンションですが、5年契約で約940万円の保険料を払いました。

その中に占める個人賠償責任保険（個賠）の保険料は390万円に達します。

理事長がそれを付帯する必要性について説明を求めたら、「今解約すれば約300万円返します」と管理会社の担当者が平然と答えます。

同席した私が「そもそも管理組合は専有部分に関わる個人賠償責任保険は契約できない」と指摘したのですが、担当者は「私はそうは思いません」と平然としています。

そして、深刻なのは同席した高齢の役員が「今までそうしてきたんだからいいじゃない」と担当者をかばう。ね～オレオレ詐欺の構図でしょう。

この話で？　が浮かぶところがいくつもあります。

管理会社が保険代理店を兼務するのはダメ

まずは、管理会社は管理委託契約に基づいて管理組合の業務をやっていますが、その中に保険契約に関わることは入っていますか。

おかしいと気づくことはなく、日頃の保険事故への対応、処理も管理会社の担当者が当たり前のようにやっています。そもそも管理会社の子会社が代理店を経営し、その保険に関わる業務を担当者が兼任して処理しているのです。これは管理会社と保険代理店が「利益相反」の関係になっています。

ここで、基本的なことを確認しておきましょう。

手元にある管理規約を開いて「管理組合の業務」という条項を見て下さい。32条か33条あたりにあるはずです。

保険に関しては「共用部分等に係る火災保険、地震保険その他の損害保険に関する業務を行う」と明示されています。

ここは大事ですね。マンション管理の基本法である区分所有法で、管理組合が管理するマンションの共用部分以外は専有部分だと明言しています。それ以外の部分はありません。

繰り返しますが、管理組合は共用部分に関する保険の契約はできるのですが「専有部分に関する保険の契約はできない」と明示しているのです。ここをしっかりと頭の中に叩き込んで下さい。

「個人賠償責任保険」って何？

ところが保険代理店を兼業している管理会社は、平気で専有部分に関する保険である「個人賠償責任保険」（個賠）を勧め、契約してしまう。

その時、「住人がうっかり水漏れ事故を起こしても、管理組合の個賠でカバーしてあげることができる」といううたい文句で、担当者が自慢げに説明している光景を何度も見てきました。そしてその担当者が契約書を作成しているのです。

ここで、個賠の中身について確認しておきましょう。普通はみなさんの火災保険、自動車の保険などにも付帯ができます。個賠だけの契約はできません。

その内容ですが「個人またはその家族が、日常生活で誤って他人に怪我をさせてしまったり、他人のモノを壊してしまったりして、法律上の損害賠償責任を負った場合の損害を補償する保険」ということになっています。

例えば、「ベランダから物を落としてそれが通行人にあたって怪我をさせた。あるいはマンション外を自転車で通行中に誰かと接触して怪我をさせた。デパートでうっかり商品を壊してしまった」という場合でも、個賠を契約していればそれでカバーできるのです。

それを居住者（区分所有者）が契約していない場合に、管理組合で契約している個賠でカバーできると担当者は説明します。

ここにごまかしがあります。

個人（区分所有者）の日常生活の事故などを、管理組合が把握できますか。それは無理というものです。

マンションの場合、まず普通に想定されるのが、居住者（区分所有者）が水漏れを発生させて、階下の住人に被害を与えるようなケースです。

住人が個賠をかけていればそれで処理すればいいのです。かけていない場合、かかった費用を居住者自身で負担するしかない。そう割り切るしかない。そこに管理組合が関わることはできません。

もう一度整理します。

①管理組合が契約する保険はあくまでも共用部分に関する保険で、専有部分に関する保険契約はできません。

②保険契約を締結する時は、管理会社に絶対に任せてはいけません。自分たちで代理店を探し必ず相見積で契約を結ぶべきです。

③保険はもしもの時のリスクをカバーするものですが、それを手厚くすれば当然保険料が跳ね上がります。ここは最低限の補償という考えも検討するべきです。

④このことを居住者に周知して、それぞれの火災保険などの契約に個賠を付帯するよう呼び

かけることです。個々の契約となれば、年間3000円程度の負担で済むはずです。

最初に取り上げたマンションの事例で、個賠を保険契約から外すと5年間で390万円を節約することができます。これは管理費会計の節約金額としては大きいでしょう。

全国の管理組合でこうした取り組みを実施すれば、個賠の保険料の節約金額は巨額になっていくはずです。

これは保険業界のモラルハザードとして早晩問題になるはずです。

管理組合は何をするの?

マンション管理の基本法である「区分所有法」に「区分所有者は全員で共用部分の管理のための団体を構成する」と明記されています。そして、みなさんの規約の目的には「区分所有者の共同の利益を増進し、良好な住環境を確保する」と記載されているでしょう。さらに管理組合の業務が規約に列挙されています。

当然のことですが、「共用部分等の保安、保全、保守、清掃、消毒およびゴミ処理」と規定されています。その他、長期修繕計画書の作成・管理などと続きます。そこをちゃんと読んで頭に入れておいて下さい。

ところが役員の改選の時「みんなで平等にしよう」などという言葉が普通に出てきます。そして規約の目的よりも「平等」の方が大事にされるようになります。そんな光景を何度も見てきました。

なぜ「平等」がいいのですか？　人は決して平等ではありません。無関心な人を輪番制で理事にすると一度も理事会に出てこないなんてこともあります。また物事の理解力には当然差があります。

また、区分所有者の議決権が部屋の広さで差がある場合があります。私のマンションではそう規定されています。

例えば77・77㎡だと、議決権は7777個と規定されているのです。広い部屋の持ち主は、より大きい議決権を持ちます。つまり「1人1票」という選挙制度が平等だとすると、これは最初から不平等なんです。

要は管理組合の存在、その任務をきちんと自覚した人が理事、監事になるべきなんです。

共同住宅であるマンションは、みんなの財産、つまり共用部分を守らないと自分の財産を守ることもできないという仕組みになっているんです。

マンションによっては、それぞれの部屋の広さにそれほどの差がない場合は、1戸あたり、1の議決権にしている場合もあります。それなら議案審議の時の議決はそれほど難しくありません。

私のマンションでは役員の任期は2年です。役員改選の都度、顔見知りの居住者に役員への立候補を求めてきました。

先日も総会の場で女性の出席者に声を掛けました。そしたら「私忙しいから〜」と平然としています。

頭悪いんでしょうね。「ということは私は暇だから役員を引き受けているということ？」と突っ込みたくなります。

でも、そういう人は役に立たないからあきらめましょう。

「3分の1理論」

わがマンションでは、現役サラリーマンの若い人が役員を引き受けています。

私が声を掛ける時、「年齢が違う、職場の経験が違う、そういう人が集まって一つの目的のために集中して仕事をする。ここで成果を上げることができれば、会社でも仕事ができる人間になれる」と言葉を付け加えます。

そして無駄な時間を使うことはしません。理事会は1時間。総会は2時間以内に終わらせる。それを超えるような議案は、次の会議に先送りする。そうすると、問題が整理されて会議をする時に無駄な時間を使いません。そういう訓練を徹底してきました。

それでも総会への出席者は全所有者の2割ぐらい。20人いかないのが現実です。そこで、毎回、委任状を集めて規約上の条件をクリアしています。

コロナの時代状況が3年も続きましたが、リモートも取り入れて、ひと月に1回の理事会。そして、3月には総会の開催を続けてきました。

他のマンションの事情を聴くと、コロナを理由にして会議を開催しない。本来、お手本となるべき上部団体でも各種会議を開催しない状況が普通にあります。

理事会の議事録を全居住者に配布して管理組合の仕事ぶりを説明したり、理事長の手紙と題してマンション内で起こっていることを報告しています。

これは経験からのリクツですが、構成員の3割の人が関心をもって協力してくれれば組織は何とか運営ができます。残りの3割は中間派。そしてそれ以外の3割はどんなことをしても振り返らない、関心を持たない人たちです。

ですから3割の人が理解者・支援者となったらほぼマンション内の世論をまとめていると理解していいでしょう。

私はこれを「3分の1理論」と勝手に名付けています。

ムラのオキテに従っている現実

知り合いになった他の管理組合の役員に役員改選の事情を聞くと、ほとんどが輪番制でやっています。

しかも棟ごと、あるいは階ごとにボスがいて、そのボスが次の役員を指名しているところもある。

みんな、その人の顔色を見ながら、つまりソンタクしながら生活している。都会のマンション住まいでありながら、どこかのムラで生活している風です。そのオキテを変えなければ駄目ですね。民主主義の根本の問題です。

「あなたの財産なんですよ。それを他人に守ってもらっているんです。マンションの中での安心・安全な生活も」と言うと、ハタと気がついた風です。

なんでもそうですが、自覚した1人から始まります。昨日もあるマンションの住人から連絡がありました。輪番制で理事長に就任したと。

役員の「輪番交代制」なんて規約のどこにも書いていない。

そして一方では理事会の諮問機関として設置した「修繕委員会」は、同じメンバーが任期を重ねて存在している。そのメンバーが修繕に関してはすべて決めてしまう。理事会は口を出せない構図になっている。

相見積と言葉では言っているのですが、見積もりを取ってから相手とさらに値段交渉をする。「相見積」の意味も分かっていない。

みなさんはどこに問題があるか分かりますね。本来修繕委員会は理事会の諮問機関なのに、いつのまにやら業務執行機関になっているのです。

その中の1人は、弟の会社に仕事を出すから融通が利くと平気で話します。それは相見積と言いません。明確に談合なのです。井戸端会議の延長みたいに平気で3時間を超す会議をやっている。

それをどう改革するか。まずは一つだけでも改革のテーマを決めましょう。そして1人味方を作ること。そこからすべてが始まるのです。

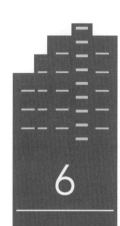

6 これがすべての始まり

建物見学会（実況中継）

6月25日、午後1時、31回目となる建物見学会を実施しました。

区分所有者、マンション内の住人、そして他のマンションの管理組合にも呼び掛けました。そうしたところ、20人近い人たちがエントランスに集合しました。14階棟のエレベーターで最上階まで上がります。

そして、扉を開け階段で屋上にあがることができます。当たり前のように思われるでしょうが、これが大事なことでした。

他のマンションも訪問して屋上に上がったことがありますが、多くは階段なんてついていません。

脚立を誰かに支えてもらって少し上がり、そして壁に取り付けられた金属製の梯子に張り付

郵 便 は が き

料金受取人払郵便

新宿局承認

2524

差出有効期間
2025年3月
31日まで
(切手不要)

1 6 0-8 7 9 1

141

東京都新宿区新宿1－10－1

(株)文芸社

愛読者カード係 行

お名前《ふりがな》				明治 大正 昭和 平成 年生 歳	
ご住所《ふりがな》	□□□-□□□□				性別 男・女
お電話 番 号	(書籍ご注文の際に必要です)	ご職業			
E-mail					
ご購読雑誌(複数可)			ご購読新聞 新聞		

最近読んでおもしろかった本や今後、とりあげてほしいテーマをお教えください。

ご自分の研究成果や経験、お考え等を出版してみたいというお気持ちはありますか。

ある　　ない　　内容・テーマ(　　　　　　　　　　　　)

現在完成した作品をお持ちですか。

ある　　ない　　ジャンル・原稿量(　　　　　　　　　　　　)

書　名				
お買上 書　店	都道 府県	市区 郡	書店名	書店
			ご購入日	年　　月　　日

本書をどこでお知りになりましたか?

1.書店店頭　2.知人にすすめられて　3.インターネット(サイト名　　　　　　)

4.DMハガキ　5.広告、記事を見て(新聞、雑誌名　　　　　　)

上の質問に関連して、ご購入の決め手となったのは?

1.タイトル　2.著者　3.内容　4.カバーデザイン　5.帯

その他ご自由にお書きください。

(　　　　　　)

本書についてのご意見、ご感想をお聞かせください。

①内容について

②カバー、タイトル、帯について

弊社Webサイトからもご意見、ご感想をお寄せいただけます。

ご協力ありがとうございました。

※お寄せいただいたご意見、ご感想は新聞広告等で匿名にて使わせていただくことがあります。

※お客様の個人情報は、小社からの連絡のみに使用します。社外に提供することは一切ありません。

いてよじ登り、屋上へのハッチを開けて体を何とか持ち上げ、四つん這いになって這い上がる。私のような１００キロの体でこれをクリアするのは容易ではありません。

これでは高齢の管理組合役員、とりわけ女性が屋上に出て点検して回るなんてとても無理でしょう。

でも、是非屋上に上がれる工夫をそれぞれして下さい。

たとえば、ステンレス製で普段はたたんで小さくできる簡易な階段を設置することを提案しておきます。

それを設置するだけで、管理会社の担当者の態度が変わってきますよ。

さて、屋上にみんな上がったところから実況中継です。

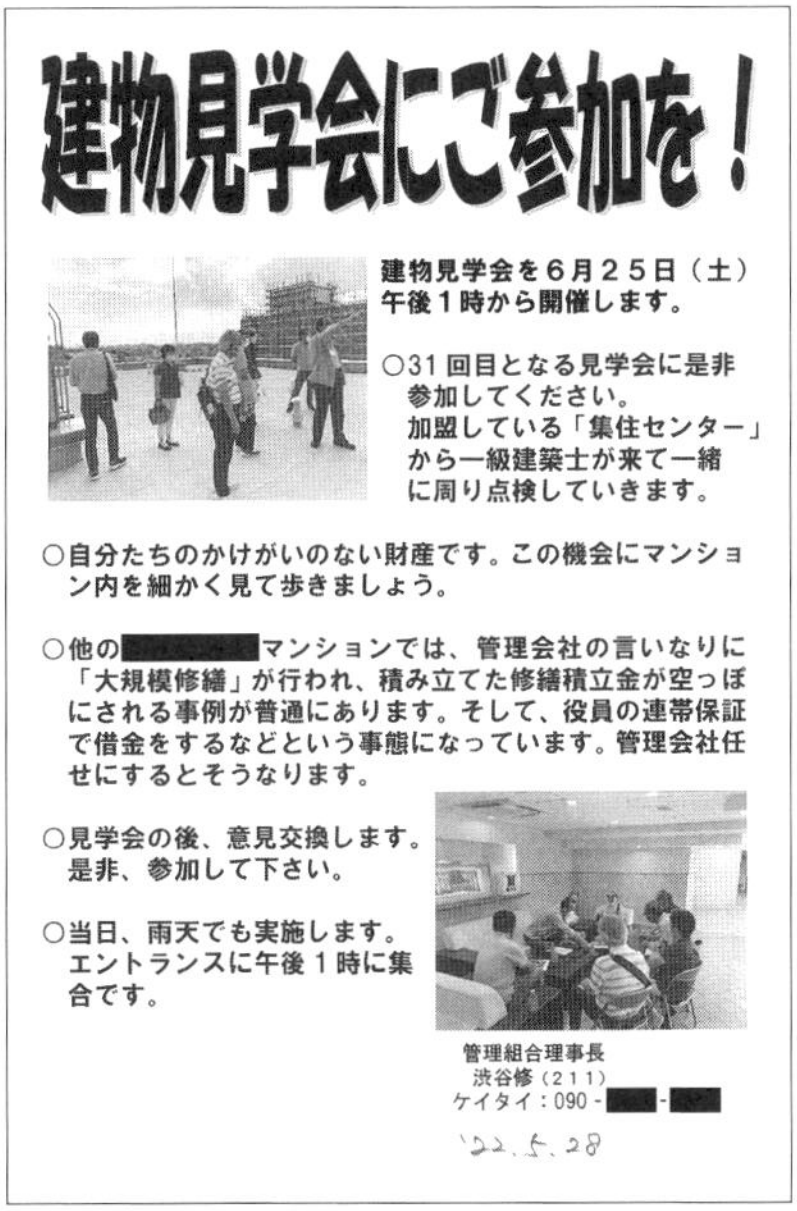
建物見学会にご参加を！

建物見学会を６月２５日（土）午後１時から開催します。

○31 回目となる見学会に是非参加してください。
加盟している「集住センター」から一級建築士が来て一緒に周り点検していきます。

○自分たちのかけがいのない財産です。この機会にマンション内を細かく見て歩きましょう。

○他の[redacted]マンションでは、管理会社の言いなりに「大規模修繕」が行われ、積み立てた修繕積立金が空っぽにされる事例が普通にあります。そして、役員の連帯保証で借金をするなどという事態になっています。管理会社任せにするとそうなります。

○見学会の後、意見交換します。是非、参加して下さい。

○当日、雨天でも実施します。エントランスに午後１時に集合です。

管理組合理事長
渋谷修（211）
ケイタイ：090-[redacted]-[redacted]

'22.5.28

写真22　見学会チラシ

写真23　まずは方角を確認しましょう

太陽はどっちから昇りますか？

「なんで建物見学会をやっているかというと、自分たちの家、財産ですからね。一軒家であればどこが傷んできたかとか、その実情を把握していることは基本中の基本です。手当てが遅れれば、水漏れとかいろいろなトラブルが起こるんですね。マンションも同じです。建物自体が劣化していくということになる」

「屋上に上がったら最初に方角を確認します（写真23）。向こうに荒川の土手が見えますが、あちらが北です。ですから、こちらが南、そして東、西。なぜ方角が大事か？　南側の壁に太陽光がよく当たります。北側は太陽光は当たらない。したがって南の壁の方が寒暖差が激しいということになります」

「天から雨が降ってくる。その雨が最初に当たるのが屋上です。そしてちょっとした隙間から雨水が浸み込むと、それが膨張したり縮まったりを繰り返す。そうするとタイルが浮き上がるようになります。日本は地震国ですから、年がら年中揺れている。それが原因でかすかなヒビも入る。そうすると、そこから雨水が浸み込むことにもなります」

「ということで、壁の劣化は南壁の方が激しいということが言えます。実際2年前の工事でもシーリングの破断、タイルの浮きが見られました。南側11階のところに斜めの壁があるのですが、そこのタイルが**写真24**の通り、49枚浮いていました。チェアデッキというブランコで作業員が下りていって手を伸ばして触ったら、まとまってズルッと落ちてきました。なんとか懐に抱えて、すぐ下のベランダに下ろしました。重さは5キロありました（**写真25**）。

危なかった。気づかずにいたら隣の敷地に落下してもおかしくなかった。そこは、スポーツジムの敷地で、いつも子供たちがバスから乗り降りするところです。事故になっていたら大変なことでした。みなさんのところでも斜壁があったら気をつけて下さい」

写真24　落ちる寸前のタイル

写真25　重さ5キロありました

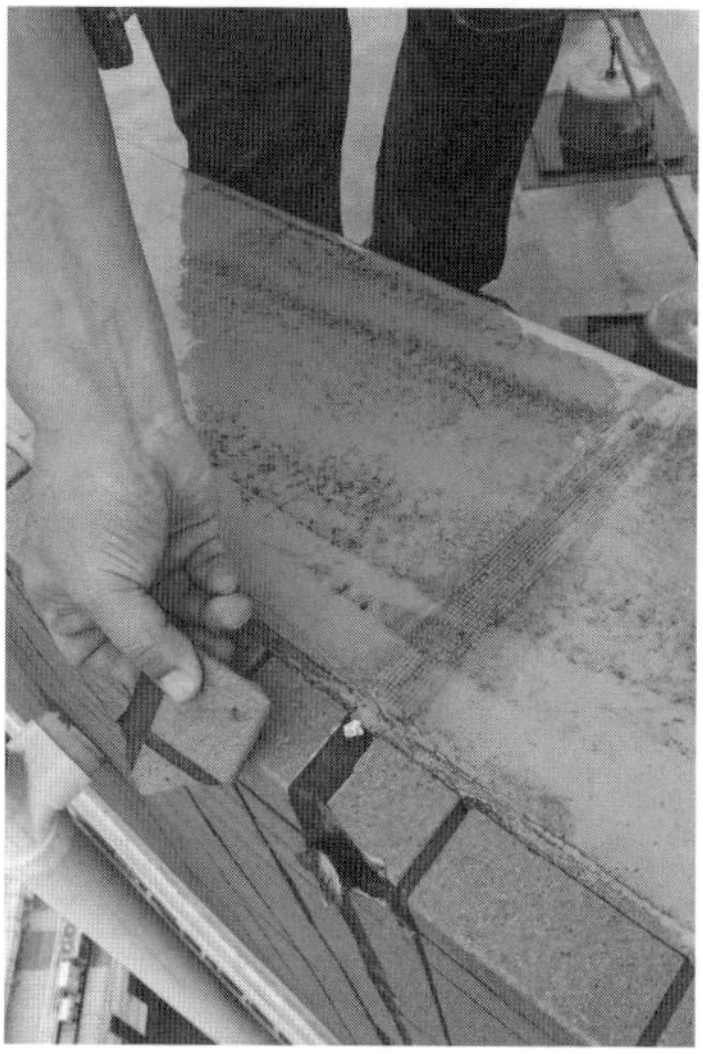

写真26　浮いているタイル

「築10年の頃、業者と屋上の点検をしました。ゆっくりと歩きながらヘリのタイルを見ていたのですが、1ヶ所、タイルにヒビが入り浮いている感じです。手を伸ばしたら**写真26**の通り、簡単に剥がれました」

「これは危なかった。落ちるとそこは1階のクリニックの玄関あたり。患者さんに当たっていたら大変なことでした。単純に経年劣化ということではなく、外から何か飛んできて衝突して傷がついたのかとも思われます。そんなことがあって時おり屋上に上がり、丁寧に見て回るようになりました」

「屋上は点検することが結構あります。まずは屋上の防水シート、ヘリの立ち上がり部分はパラペットと言います。そしてヘリのシーリングにヒビが入っていたら打ち替

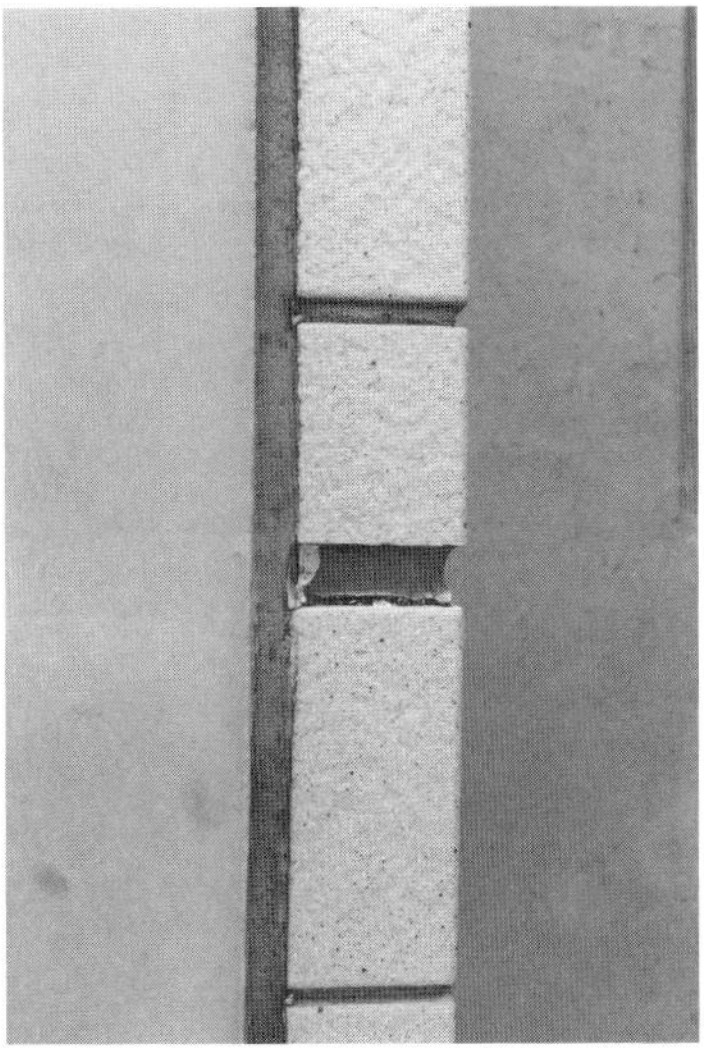

写真27　屋上シーリングの破断

写真28　廊下の白い汚れ

えをする必要があります」

「屋上タイルの目地、シーリングは酸性雨で劣化し、直射日光にさらされていますから痩せていきます。これにも対処が必要です（写真27）」

「エレベーターの塔屋の屋上も防水対策が大事です。排水管がついていますが、水がスムーズに流れるようになっているかどうか。排水管が排水溝にうまく連携しているか。ドレインがついていたら外して中を確認して下さい」

「6階棟の屋上も同じようによく見て回ります。5年ほど前ですが、6階の廊下に白い染み（写真28）のような汚れができました。何度掃除をしてもまた現れる。管理人が気づいて、私に報告がありました」

「そこで、私が現場に立って上を見ると、

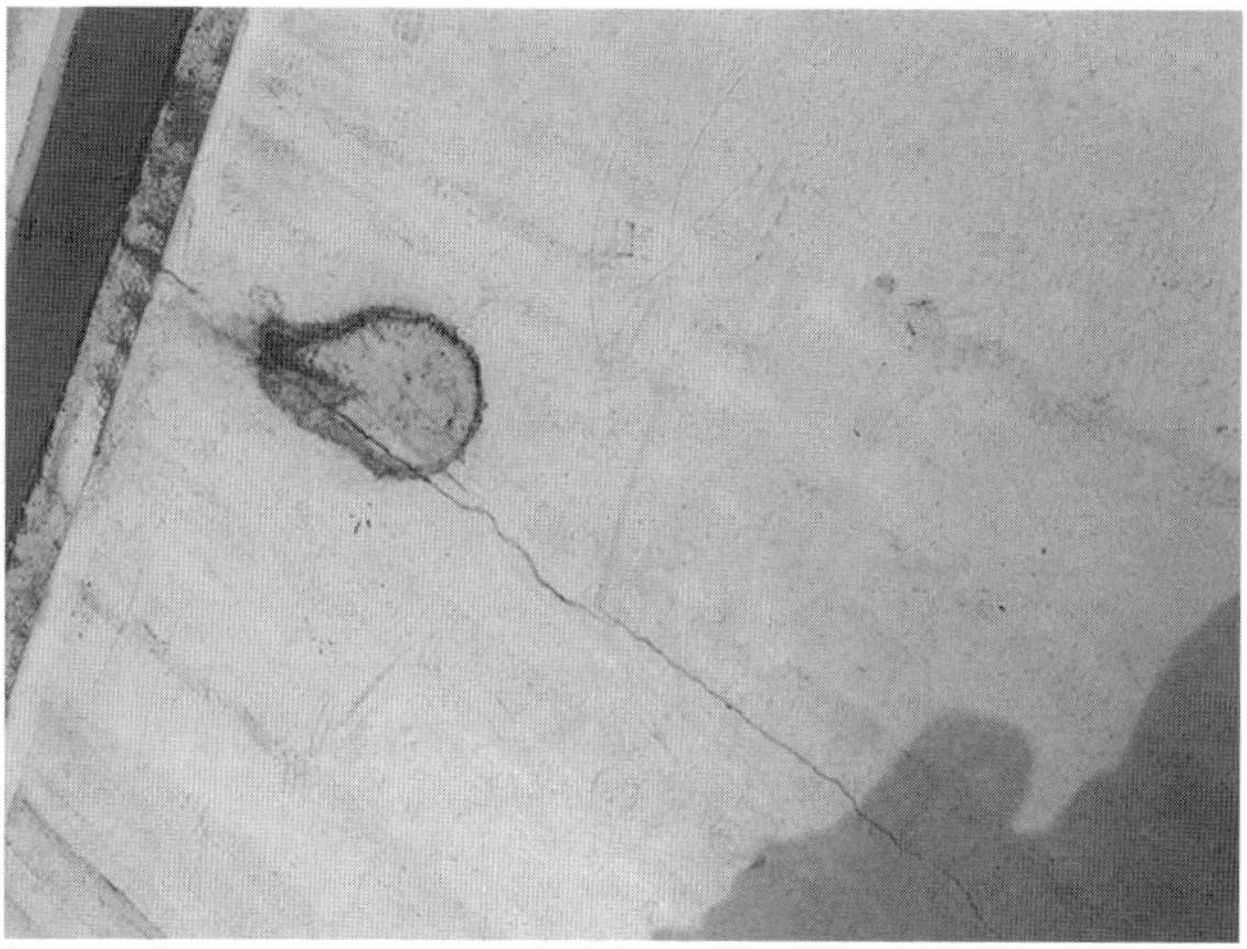

写真29　庇の屋上に異変

天井の梁に白い汚れがかすかに見えます。コンクリートの成分でエフロレッセンスというんですね。屋上の庇から雨が浸み込み、雨漏りしていたんです（写真29）。そこで6階棟の屋上に隣接する庇部分の防水工事を実施したところ、雨漏りは止みました」

「各階の側溝、雨水を流すところですが、劣化していたのでウレタン防水をしました。その機会に、排水溝についている鋳物のドレインを全部撤去して、錆止め塗装をしました。その時、11階の角のドレインを外したら、タバコの吸い殻がぎっしりと詰まっていました。1回、2回の量ではない。数年分でしょう。もちろんマンション内は当然禁煙です。ね、どういう人がこういうことをするのか。信じられないことが起きているんです」

写真30　健全なシーリング

外壁のシーリングをすべて打ち替え

「外壁のシーリングはすべて打ち替えをしました。触ってみて下さい。一定の弾力がありますが、ベトベトではない。これが健全な状態のシーリングです。これを記憶しておいて自分のところのシーリングと比較して下さい」（写真30）

駐輪場を整理する

「1階まで下りて駐輪場を見にいきます。建築当初は180台、上下2段の装置でした（写真31）。上の段にお年寄りは自転車を上げることができません。そこで上の装置は撤去することにしました。その時、使用しない自転車を集め処分したのですが、その中に盗難自転車が混

写真31　使い勝手が悪い

写真32　床を塗り替え平置きにしました

じっていました。だれが運び込んだのか不明ですが、届出をしたら警察が来て管理人がいろいろと取り調べを受けました。自転車置場もきちんと管理していないといけないのです」

「利用実態を事前に調査して収容台数を確認しました。それで現在は105台おけるようにしました。現在使用されている駐輪台数は95台です。装置はほぼ平置きにして、錆びない装置に変えました。床も3度塗りして滑らないように珪砂をまいたりしています。これで20年は大丈夫でしょう（写真32）」

植栽の管理も大事

「そして、建物見学会と関係がないように思うかもしれませんが、植栽の管理も大事です。ほぼ10年前ですが、ヒイラギが害虫にやられて全滅してしまいました（写真33）」

「3月末頃、根っこの土の中から黄色い幼虫がわらわらと湧いてきて枝をよじ登り、葉っぱに群がり食べていく。また、外から成虫が飛んできて葉を食べる。みるみる葉が白くなって無残な光景になりました。そこで、年に2回植栽業者を入れて害虫対策を講じてきました。それで、現状は美しいヒイラギの緑になっています（写真34）。植栽がきれいだということは、管理組合がしっかりと機能していることを示していると思います。他のマンションを見た時に植栽がボロボロだったら、そこの管理組合はうまく機能していないと言えるでしょう」

写真33　害虫に喰われボロボロ

写真34　きれいな緑に復活

「正面玄関、エントランスのシーリングですが、これもY社の不良シーリングです（写真35）。ベトベトして、さらにその油性分が染み出して汚れた模様になっています。これを解決するには石材をはがして新しいものに替えるしかない、という話になっているのですが、なんとかこの汚れた染みを抜く方法がないのか？　今テスト中です。できれば、あまり費用をかけずに解決したい」

「1階のエントランスの壁も築10年ぐらいで10ヶ所以上ヒビが入っていました。塗り直しをしたので、今はきれいですが、また年月が経つと劣化していくでしょう。それぞれの場所、部材によって劣化のスピードが違うということを理解して欲しいと思います」

写真35　染み出しているシーリング

☆　☆　☆　☆　☆

こうしてマンション内を屋上から各階の廊下、壁、階段、そして、1階の駐車場、植栽まで見て触って見学しました。そして、エントランスに集合して、それぞれ気がついたことについて意見を交わしました。

他のマンションからの参加者は、やはりそれぞれに大規模修繕の経験をしています。そしてほぼ管理会社の言いなりで工事をやっているので、こちらの説明にびっくりしています。

その後、参加した近所のマンションの女性理事長から連絡があり、管理会社の変更について相談を受けています。

7 マンションライフ、あれこれ

「マンション」。

本来は個人の大邸宅という意味だそうですが、日本の実態は鉄筋コンクリートの「タテ長屋」にみんなで住んでいるんですね。落語の長屋と同じだと思うんですが。

わがマンションの人口は約２００人。当然１人ひとり個性が違いますから、ホントにいろいろなことが起こります。

特に最近は高齢化が進んできましたから、それに伴った出来事が増えてきました。

管理組合の役割ではないと思いつつ、隣近所のよしみで相談に乗っていることも多々あります。

いつか、自分が世話になりますからね。必ず。

こんなことが起こるんです

写真36　見知らぬキーボックス

ある朝、正面玄関のすぐ左側、来訪者用自転車置場のところの柵にこれ（**写真36**）が取り付けられていました。管理人にも全く心当たりがありません。

考えられるのは、居住者の依頼で業者がカギを預かりそれをここに取り付けたか？　また、管理人によると、近所で工事している業者が目立って分かりやすいここのマンションをカギ置場にしているケースもあるといいます。以前は、裏の自転車置場の方に黒いキーボックスが取り付けられ、駄目だと指摘すると業者の担当者が反発していたケースがあります。いずれにせよ、本人が現れるまで少し様子を見ようということにしていました。

そうしたらここに以前住んでいたご夫婦が来訪。そこからカギを取り出しました。事情を聴くと、部屋を賃貸に出していたのだが、最近賃借人が退出したので部屋の状態を確認するためにきた。

仲介の不動産会社に管理をお願いしているが、連絡したら「カギはマンションに取り付けてある」とのこと。そこで来てみたらこの状況だったと。

私からは「管理人はもちろん管理組合にも全く相談なく、勝手にキーボックスを柵に取り付けるのは許されない。不動産会社の担当者が取り付けたのなら敷地内に入った段階で不法侵入ということになる」と話しました。

その中には部屋のカギが入っていてそのカギを入手した人は、マンション内に自由に出入りすることができます。

「そういう不動産会社を信用してはいけない。今後も賃貸に出すのであれば会社を変えた方がいい」と助言しました。

そして重なる問題

ホント、不思議に重なるのです。その後すぐに13階の方から水漏れの連絡がきました。そこは、例のカギ事件の部屋の直下のお宅（**写真37**）。同じ造りの洗面所、洗濯機が置いてあるところの天井の照明から水が垂れています。

そこで、例のカギ事件の本人に連絡して事情を聴いたところ、賃借人が退去したので部屋のクリーニングを業者に依頼したといいます。

その業者が水の処理を誤った可能性があります。しかし、業者は床下まで丁寧に拭いたことから痕跡は表面的にはありませんでした。その後、水漏れの調査を行ったところそれらしき原因が報告されました。幸い被害は拡大しなかったので下の階と家主との問題ということで、管理組合としてはタッチしませんでした。

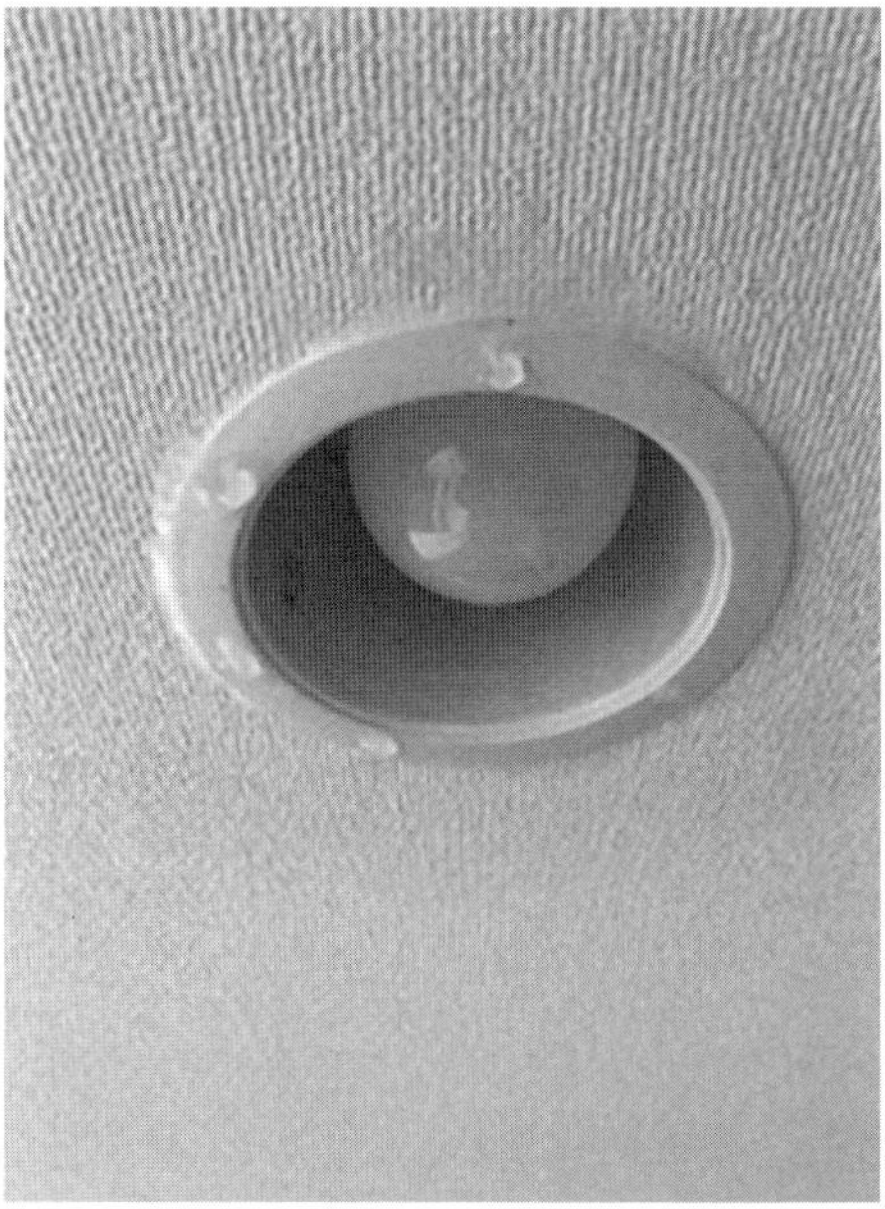
写真37　天井からの水漏れ

みなさん、是非この問題を理解して下さい。一定の年数を経てくるとこうした漏水問題が起こってきます。その時の基本的な理解ですが、法律上そして規約上、専有部分で起こった問題に管理組合は関与しません。管理組合はあくまでも共有部分を管理しているのです。

外部区分所有者の問題

「不在地主」、つまり外部区分所有者の部屋でトラブルがあった場合、管理組合がまずは対応しなければなりません。

不在地主は自分の部屋の管理を放っておいても管理組合が守ってくれる。

こういう事情があるので、最近では外部区分所有者に対し、「協力金」ということで管理費の他に負担金を課すことがあるのです。これは、裁判にもなって認められています。

そこで、今年の総会で以下の通り提案をしました。

マンションでは今まで外部区分所有者に対して、協力金制度等はありませんでしたが、昨今、外部区分所有者の専有部内の問題が多発しております。

例としては、仲介業者による当マンション敷地内での無断キーボックスの設置、リフォーム業者の施工不備による漏水等があります。

その処理について管理組合（理事会）が対応をしているのが現状で、外部区分所有者の住戸の問題に対する業務負担が年々増えてきております。

最近では、93戸のうち16戸が外部区分所有者です。

この問題について、２０１０年1月26日の最高裁判決で、外部に居住する組合員に対し住民活動協力金（外部区分所有者協力金）を求めることが認められています。そこで、当管理組合でも「外部区分所有者協力金」を制定することにしました。金額は戸当たり、月額３０００円としました。

総会でこの提案に反対する人は1人もなく特別決議で成立することができました。これで年額にすると約50万円の収入増となります。

これは大事なことでした

他のマンションでボヤ騒ぎがありました。消防隊が到着してその部屋に入ろうとするのですが、煙の出ている場所のカギが見つからない。

管理人室で役員、居住者も一緒になって探すのですが、カギがカタマリになっていて、どれがどれやら意味不明。管理人のいない休日のことで、管理組合の役員が集まっても全く役に立たない状況だったというのです。

これを聞いて、

「うちのマンションは大丈夫だよな。管理人もしっかりしているし、キーボックスの中もきちんと整理されている」

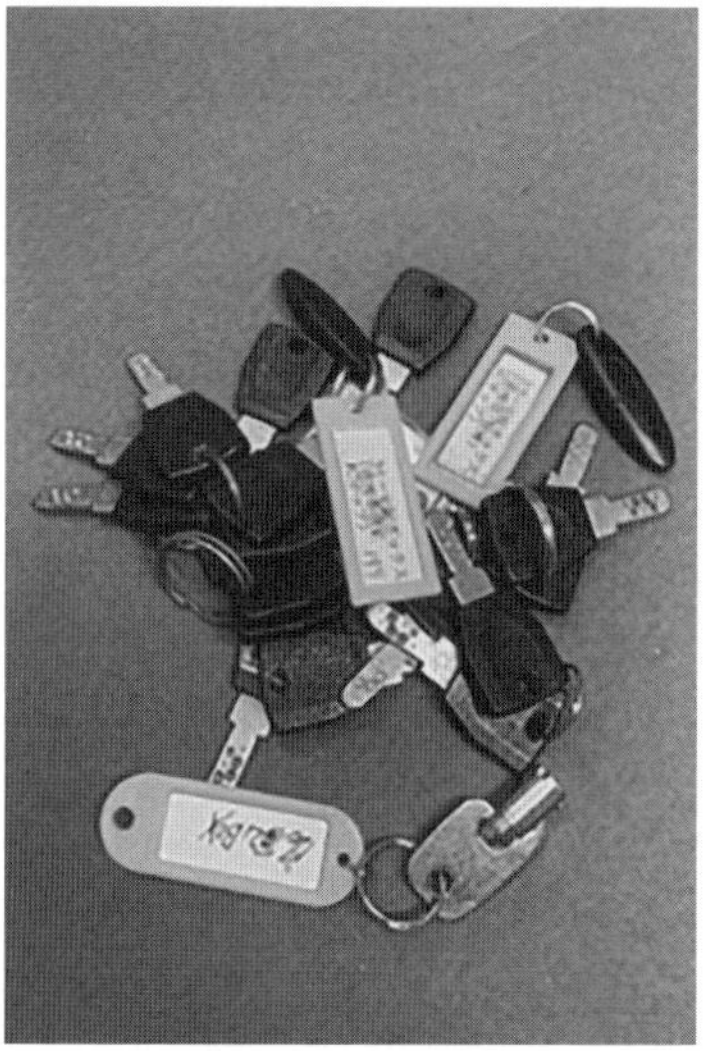

写真38　使用場所不明のカギ

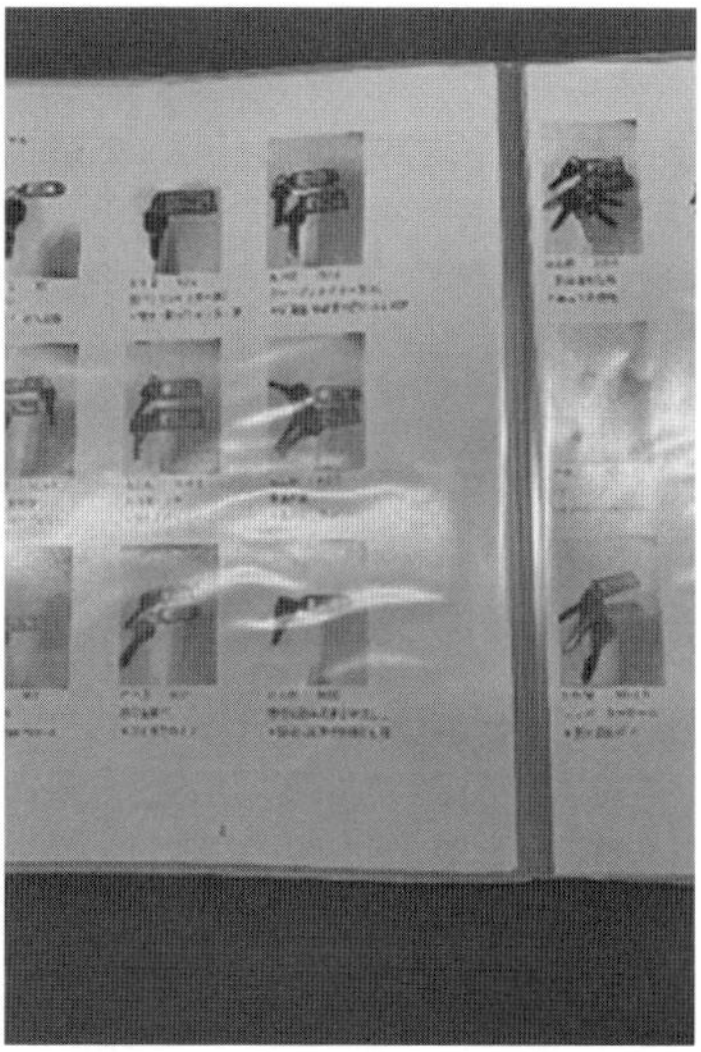

写真39　カギリストを作成

そう思って、キーボックスを持ってきて確認したら、実は管理人も分かっていない使用場所不明のカギがあるという。

これは人ごとじゃない。そこで、管理会社の担当者を呼んで「不明のカギをゼロにしないときちんと管理をしていないことになる」と通告。そして、早速カギのチェックが始まりました。

やはり、ありました（**写真38**）。全部で20個あります。

その中の17個は駐車場の交換によるカギでした。そんな事情は普段カギに触ることのない役員は全く知らない。そして実際は3個が使い場所不明のカギ。

それから約1ヶ月かけてやっとカギリストが完成しました（**写真39**）。盲点でした。

このリストは役員全員に配布しました。

この作業を通じて、改めて「これはここに使うカギだったのか～！」と発見する鍵もありました。何かあった時にすぐ判断できるようにする。これからすべてのカギについて鍵穴に入れてみて現場を確認する訓練もやります。

個人情報⁇

「名前、部屋番号は個人情報ですから言えません」などという会話が飛び交っていませんか？その言葉が出たとたん、会議の途中でもみんな頭の中は真っ白、思考停止になってしまいます。

確かに個人情報保護法という法律があり、個人の氏名、生年月日、住所、連絡先などは個人情報にあたります。

管理組合は区分所有法によりマンションが新築された時に自然に成立します。そして、各部屋が売りに出され購入者は手続きをしますが、その時にデベロッパーと管理会社宛にそれぞれの住所、名前、電話番号を記した「承認書」を提出しているはずです。つまり、この段階で区分所有者の名簿が作成され、管理組合にそれらの情報が保管されることになります。

しかし、その個人情報が何に使われるか説明を受けたことがありません。

管理組合を運営するために理事会が設置されますが、理事、監事という役員の氏名、部屋番号、連絡先も当然個人情報です。これの使い方について、これまで当事者の了解を取ってきませんでした。

これは個人情報保護法の基本的なことですが、個人情報を取得する時に、それをどのような目的で利用するのか具体的に説明しておく必要があります。

そこで、改めてその利用について確認し、当事者から了解を取ることにしました。

○ 管理組合運営と個人情報保護法について

「管理組合役員は自らの氏名、住所、部屋番号、(連絡先)など基本情報について全区分所有者に対する責任を果たすため、例えば議事録、また役所への提出書類などに記載することに同意するものとする」

これに同意できない区分所有者は、役員を引き受けることができません。

実際、理事会を開催し、その議事録を作成して全区分所有者に配布するのですが、そこには理事・監事名、部屋番号が記載されます。そして会議での発言記録には必ず名前が表記されます。

理事会は管理組合の業務執行機関ですから、そこでの決定事項は全区分所有者の利害に関わることになります。それに密接に影響を与える役員が匿名では責任関係が不明瞭になります。

役員の個人情報の扱いについての規定は、それを防ぐための措置です。

また、役員以外の区分所有者、一般居住者が管理組合に対し意見、要望を言ってくることがあります。

最近、駐輪場の停車場所をめぐって、自分の要求を通すための苦情を理事長、理事会に申し出てくる人がいました。

また、外部区分所有者の1人が例の「協力金」について理事会の場に突然現れ、苦情を申し入れるなんてこともありました。

いずれの人物も氏名、部屋番号を明らかにすることを拒否しました。個人情報だから言いたくないというのです。

名前が分からない、本人かどうか確かめようがない。そんな人物の発言を議事録にのせることができますか。

そこで、こういう場合の個人情報の扱いについても明記することとしました。

この内容は重要なので理事会での確認だけでなく、直近の総会でも決議することとします。

「区分所有者と称する者が理事会、総会、または理事長など役員に対し何らかの意見表明をする時には、氏名、住所、部屋番号、（連絡先）を事前に申し出なければならない。そして、発言の内容について理事会議事録などを通じ全区分所有者に公表することに同意する場合に限りそれを認める」

そうでなければ、その発言について誰も責任を負うことができないからです。

（連絡先）については、こちらから連絡をする時に必要なので取得し記録しますが、その扱いについては、必要な時に当事者の意思を確認します。

あいさつは安心と財産を守る！

これは、理事会の議事録の冒頭に掲げている標語です。理事長の判断で掲げています。

そのいきさつと意味を説明します。

「あいさつ」とは何か？　簡単なことだと思いますが、意外に難しいですね。

18年前にここのマンションに入居した頃は、会ってもあいさつしない人が結構いたんです。廊下、エレベーターの中で会っても、お互い相手の表情をみてたじろぐ。声をかけても目を泳がせ無言のまま。

昔、私が海外で経験したことです。こちらが「あいさつ」をして、相手が無視するようだったらエレベーターに同乗してはいけない。相手が武器を持っている可能性もあると現地の関係者から言われたものです。

ニューヨークでのこと。「ホントかな？」それから大きな声で明るくあいさつするのが癖になりました。

その後、マンションというエレベーター付きの「長屋住まい」の身になって、そんなことを思い出し、元気よく「あいさつ」するよう心がけてきました。

さらに大事なのは子供たちの教育ですね。コミュニケーションの方法、意味を教えるというのは大人の義務です。子供は親だけが育てるわけではありません。社会が見守りつつ育てていくのです。

だから、子供たちにはこちらからはっきりと大きな声をかけるようにしています。その子供たちがどんどん成長する。朝、ほとんどの子供たちがきちんと「あいさつ」をして出かけるようになりました。帰ってくると笑顔で「こんにちは」と言ってくれる。素晴らしいことです。

その子供たちのお手本になるのは大人なんですね。

この「あいさつ」をめぐって悲惨な事件がありました。

川崎でしたか。マンションの11階から子供が投げ落とされたのです。犯人は、「最初の子供はあいさつをしたから見逃した。その次のあいさつをしない子供を投げ落とした」というのです。

その犯人の本当の心境は分かりません。しかし「あいさつ」が身を守る、安心を守る動作だということは言えるのではないか。

ここのマンションを訪ねてきた複数の人たちが通りすがりで次々と「あいさつ」をする住人の姿、光景を見て「ここに住みたいですね」と言います。

また、窃盗を繰り返す犯人の証言として「住人同士があいさつをするところは狙わない」との報道もありました。

最近、他のマンションを数多く訪問しますが、こちらがあいさつしても無視され、エレベーターにムスッと消えていく年配の人たちを見ると、なんかドォーッと心が暗くなります。

暗黒生活からの脱出？

近所のマンションの管理人と、西台駅のホームでばったり会いました。顔見知りではあったのですが会話するのは初めてのことです。

「来週、72歳になるので定年でやめる」といいます。そして「トンネルを抜けるとそこは地獄だった～」とかすかな声でつぶやいています。

どういう意味？　と聞くと、「近所のマンション管理人の間ではそういう話になっている。都営三田線、地下鉄の長いトンネルを抜け、板橋の地上に出るとマンション群が現れる。その住人はヒドイ。朝、会ってもほとんどあいさつをしない」「組合役員は意味なく威張り散らしている」「今の会社はやめるけど、別の地域のマンションから声がかかっているからそちらへいく」と言うのです。

そして「やっと暗黒生活から脱出できる」とつぶやいていました。

そんなマンションでは、私はもちろんですが、下見に来た人、不動産屋さんも当然、評価を下げるでしょう。だから「あいさつは財産を守る」としているわけです。

　ちなみに、関西のあるマンションでは子供に「あいさつ」をさせないということを管理組合で決めた、という記事を読んだことがあります。真逆ですね。理由は子供が事件に巻き込まれたりしないため、というのですがそれはどうだろう。

「あいさつ」をきちんとしているマンションには、変な人は入ってきませんけどね。考え方はいろいろですから。

マンション内での「事業行為」

　マンションの専有部分の使用については、「専ら住宅として使用する」ということが規約に明記されています。みなさんの手元の規約の（専有部分の用途）という条項に明示されています。確認して下さい。

　一方、コロナとの付き合いが3年を超える事態になってきて、リモートで自宅を拠点に仕事をするようになってきました。それに伴い、居住者が事業主として自宅を事業所として登記する例も普通になりました。

　郵便受けのところに会社名が一緒に掲示されていることから分かります。

　そこで、規約を現状に合わせるように改正する必要が出てきました。

「マンション内の安全・安心を大前提としてマンション内で一定の事業行為を行うことを容認する」ということです。

ただし、実際上はかなり難しい。事業の内容によっては、複数の関係者がマンションを出入りするケースも考えられます。そういう人たちが勝手にマンション内を歩き回るのでは住人が困ります。

そこで、「専ら」という規約の文言を「区分所有者はその専有部分を『主として』住宅として使用するものとする」と改正することで現状に合った表現になるのではないか。

たまたまこういう問題を取り上げようとしていたら、似たような問題がニュースになっていました。

マンションの中でグループホームというお年寄りを対象にした事業をやっている企業に対し、規約違反だということで管理組合が問題にしました。

訴訟となり使用中止を命じる判決が出たといいます。世の中のためだと思ってお年寄りを対象にしたグループホームをやろうとしても、それは駄目よということです。これは大阪地裁での判決です。

こうした動きも見つめつつ、この規約改正でうまく対応できるのか、継続して検討していく必要があります。

そして、規約改正をして事業所としての届出を受ける時に、管理組合の理事会に事前に申請を求めるということになると思います。

その手続きの過程で事業内容をよく把握して、心配なところがある場合は、きちんと指摘する。

問題が生じた場合はすぐ管理組合から指摘して、きちんと対応するよう求めるようにします。

16年かかったダクトの撤去

私は元々高島平の平場（ヒラバ：団地の人は一戸建ての住民をそう呼ぶ）に住んでいましたから、マンションの管理組合は町内会と同じという認識でした。

管理会社が作った原始規約・管理規約なんてきちんと読んだことがない。

そして落ち着いてきて、1階のテナントの調理場から、壁にとりつけられ14階棟の屋上まで昇る銀色のダクトを見上げていました（**写真40**）。

この問題は、4年前に出版した『1億円

写真40　屋上まで延びるダクト

写真41　スッキリしました

残せる！　マンション管理』に載せています。

台風が来て強風が吹くとガタガタ揺れて、近くの部屋の住人は怖い思いをしていました。また、地震で落下するのではと心配したこともあります。

当然「テナントの所有物で管理の費用はテナントが払うのだろう」と勝手に思っていましたが、規約をよく読むとダクトは共用部分になっていて使用料も設定されていない。

大東京ステータスに確認したら「将来テナントが管理できなくなった場合、扱いに困るので共用部分に設定した」との意味不明の回答がありました。そこで総会手続きを経て使用料を定めました。

その後、元のテナントが他社に売却してしまった。そして、医療系のテナントが入って現在に至るわけです。もうダクトが使われることはありません。

その後、２０２０年にシーリングの打ち替えを目的に修繕工事を行いましたが、その時、工事業者にゴンドラで撤去できないか相談。業者は「屋上部分から細切れにして外し、地上に下ろして撤去する」と答えてくれました。

大東京ステータスに相談した時には５００万円はかかると言われていたのですが、ゴンドラの作業で約２００万円で撤去できました。ダクトのないスッキリとした景観を取り戻すのに16年かかったのです（写真41）。

ガラスは共用部分なんです

つい先日、管理人が焦った声で電話をかけてきました。

「救急と警察が来ました」

これまでにも同じような事件がありました。部屋の中で動けなくなった高齢の住人。ドアまで出てこられず、救急隊員が中庭から梯子を伸ばし、４階のベランダから侵入。幸い鍵が開いていたので、部屋からドアを開け担架で運び出すことができました。

今回は5階の部屋です。そこで隣の部屋からベランダへたどり着きましたが、鍵が閉まっている。「鍵屋さんを呼べば10分でドアを開けられる〜」と私が言ったのですが、「そういう余裕はありません」と救急の責任者は「破壊侵入」を無線で隊員に指示。

ベランダ側からガラスの窓を破壊し侵入した隊員は、本人がトイレで死亡しているのを確認しました。

遺族は海外に住んでいて連絡が取れず。その後、関係者が来ていたようなのですが、当方へは連絡なし。

窓ガラスは規約上管理組合が管理しているんです。それを「赤いガラス、黒いガラス」なんかに交換されたら困るんです。さて、どうしたものでしょう？

町会（自治会）の話

相変わらず町会との付き合いをどうするかという話が出てきます。

これには判例が出ています。

「町内会費の徴収は、共有財産の管理に関する事項ではない。総会で議決しても、規約に定めても拘束力はない」という内容で解りやすい。

つまりマンション管理組合と町会とは交われない？　そこでマンション内に自治会を作って関係を維持しているところもあります。

この問題は、生きて生活している私たちの社会の在り方に関わることなんです。

裁判官は官舎に住んでいますから、法理で判断するしかない。それがナマの社会の実態と違っていても知ったことではないのです。

それで、わがマンションですが、町会費は管理費の中から払っています。判例とは真逆ですね。なぜ？　関東巨大地震が間近なのに町会との連携なしに、住民の安心、安全を守ることができるか？　現実的なことからの判断です。

でも居住者（区分所有者）から「勝手に払っている町会費を返せ」と裁判を起こされたら、すぐに任意の町会費の徴収に切り替えるしかありません。

判例をひっくり返す自信はありませんからね。集めた町会費の会計を独立させて公明正大にすれば、管理組合がそれを扱うことは認められると国土交通省は言っています。

行政指導のレベルですが……。

「平場」の地域社会に突然マンションができると、そこだけ人口密度が上がる。車の出入りも多くなる。地域社会への負担は増えるのです。

区分所有法という法律の理屈で、町会と関係を持たないという方がおかしい。大規模災害の時、自治体の救援物資などの支援は町会のルートを通じて行われるのです。

そうすると、そこは「人間の情の話」になってきます。日頃、顔を見知っている関係の方がスムーズに協力関係を築けるのは当たり前のことでしょう。

居住者が裁判を起こして勝訴しても、年間3000円程度の町会費×数年分程度が還るに過ぎません。

裁判を起こすのに50万円以上のコストがかかりますから、とても元は取れません。それでも、エレベーターがついているだけの「立て長屋」の中の人間関係。こだわる人はいますからね。

管理組合は「良好な住環境を確保する」ことを目的にしています。

とくに大規模災害があった時、町会との連携なしに居住者の生活を守ることができますか？3・11の現場リポートでは「日頃酒を飲む程度の町会の役割だったけど大災害の時は顔見知りというだけで安心、信頼につながった」とあります。

どうですか？　地域との連携は大事でしょう？　町会からの脱会を主張する居住者には「大災害の時は自立して頑張ってね」というしかありません。

以上の理由で町会に管理組合で参加していたのですが、コロナが事態を変えました。コロナも自然災害だと思うのですが、この3年間、町会は全く活動をしないのです。何度か役員同士で会談をして申し入れをしたのですが、全く無視されてしまいました。

そこで、町会を脱会して、自分たちで自治組織として区に届け出ました。災害が起こったとしても町会経由ではなく、直接区と連絡を取って活動をする。これもまた積み重ねた一つの選択です。

これで年間約30万円の管理費の節約となりました。

問題は関東巨大地震です

「形あるものは劣化する、壊れる」のは自然のリクツですから、必要な修繕工事はその都度行っていきます。

しかし、ここで心しなければいけないのは、近づく関東巨大地震です。

1150年前に起きた貞観の巨大地震。その時は我々も経験した3・11の時と同じように、三陸で大津波がありました。それから9年後に関東巨大地震が発生したと古文書に記録されています。

そのサイクルでいくと、もうそろそろ危ないのです。東京湾の沿岸部で予想されるのは震度7、内陸に入ると6と想定されています。

新しい耐震基準で建築された最近のマンションは、崩れることはないでしょう。しかし、それなりの損傷はあるはず。それに備える必要があるのです。ですから今、不要な「大規模修繕工事」で管理会社やデベロッパーに貴重なお金を奪われるのはまっぴらごめんです。

災害への心構え

千葉では台風の被害で停電になり、2週間過ぎてもまだ復旧しない地域があるとの報道。電気がないと現代の生活は成り立ちません。電化製品は全部アウト。電話も使えない。テレビはもちろんダウン。エアコンが駄目だと熱中症が怖い。

100年前になるんですね、大正の関東大震災。そして、最近はいつ震度7の関東巨大地震が来てもおかしくないと言われています。

3・11の時の仙台あたりのマンションの報告書がありますが、町会で設営した避難所は「平場」の人たちで溢れ、マンションの住民は入れない。マンションごとに自力で頑張るしかないと伝えられています。

そこで、2、3年前に何ができるかゼロから検討しました。どこまでマンションでの自立体制を構築することができるか。

数年前までやっていた「防災訓練」は、消防車に来てもらって消火器の使い方を教わるぐらい。

その後、AEDの使い方の訓練を加え、あとは災害への心構えを聞く程度でした。

今回は、関東での巨大地震を想定して自立体制をどこまで構築できるかの検証でした（**写真42**）。

役員で手分けして各階を見回り安否確認をする。1軒ずつノッキングするのは大変なので赤・青のバンダナを事前に配布し、問題ない場合は青のバンダナを玄関に結び付けてもらう（**写真43**）。

どのくらい参加するか？　見当がつきませんでしたが、92戸のうち52戸が青のバンダナを玄関あたりに結んでくれました。現場への参加者は20人足らずですが、都会ではこんなものでしょう。

写真42　消防隊員が災害時を想定して助言

写真43　青いバンダナは「大丈夫！」の合図

中庭には大きなガスボンベを2本設置しています。そこから、炊き出し用のコンロ、そして発電機につなぎエントランスの照明、煮炊き、携帯の充電などの態勢を整えました。10日間は自立できる態勢づくりです。

災害に備えた組織体制を考える

これまでの訓練は、理事長を本部長とするピラミッド型の指揮命令系統でやっていました。これでは実際の時に機能しません。

というのは、実際の災害の時、誰がマンション内に残っているか。予想もつきません。実際の災害時には管理会社・管理人はいません。時間にもよりますが、理事長、副理事長など主要な人が不在だと鍵がないので管理人室、防災グッズを置いてある倉庫にも入れません。

写真44　その場の判断で作業をする

そこで、フラットな組織を考える必要があります。また、災害時用グッズをどこに設置するかなど、基本情報は役員全員で共有する必要があります。

まずは管理人室の鍵は理事全員が開けられるようにしました。そして保管している器具の一覧表を倉庫に貼り出し、その配置表は役員全員に配布して倉庫にも貼り出す。

そしてこれまで無意識のうちに「管理組合が主催者で、集まった人はお客さん」という感じでしたが、これは間違い。災害時に「おもてなし」なんてできません。集まった人は全員当事者です。

「災害情報サイト」の立ち上げ

千葉の例をみるまでもなく、関東巨大地震の時は最低でも2週間、電気、上下水道、ガスが止まることは必定です。

その時、居住者が近辺の状況を知る、また家族でお互いの安否を確認する手段が必要です。もちろん電話は通じません。そこで、ネット上に居住者だけが使える「災害情報サイト」を立ち上げました。そこに、管理組合としての情報を掲示します。マンション内居住者と家族がそこに登録しておくことで、お互いに情報を共有できます。そこから、区、都の情報を入手することもできます。まだ20人ぐらいの登録ですが徐々に広げていきます。こういう手段を使えない人も多いのですが、居住者の20人、30人でもつながっていれば、その人たちが点になって近所の居住者に情報を広げてくれるでしょう。その「輪」が人々の安心感となります。

災害への備えは3年前までゼロでした。管理組合が動くのは3・11の経験をもとに震度5以上の時としました。それで、次のように段階的に準備してきました。

①エントランスのガラス全部に飛散防止フィルムを貼りました
②停電を想定してガスを燃料とする発電機を設置しました
③大型の高カロリーのコンロ2台、建築用の照明器具を準備しました
④延長コードを複数用意して携帯電話が充電できるようにしました。マンション内、そして近くの避難所の様子を確認するために2キロの距離間で通信できるトランシーバーを5台用意し、役員が手分けして持っています
⑤停電では館内放送ができません。そこで生声で伝えられるよう大型のスピーカーを用意しました
⑥居住者の安否確認のため赤、青のバンダナを全居住者に配布しました
⑦ネットが大事な通信手段と想定して、管理組合の災害情報サイトを立ち上げました

どうでしょう、理想を階段10段とすると、なんとか3段ぐらいまでできたでしょうか？

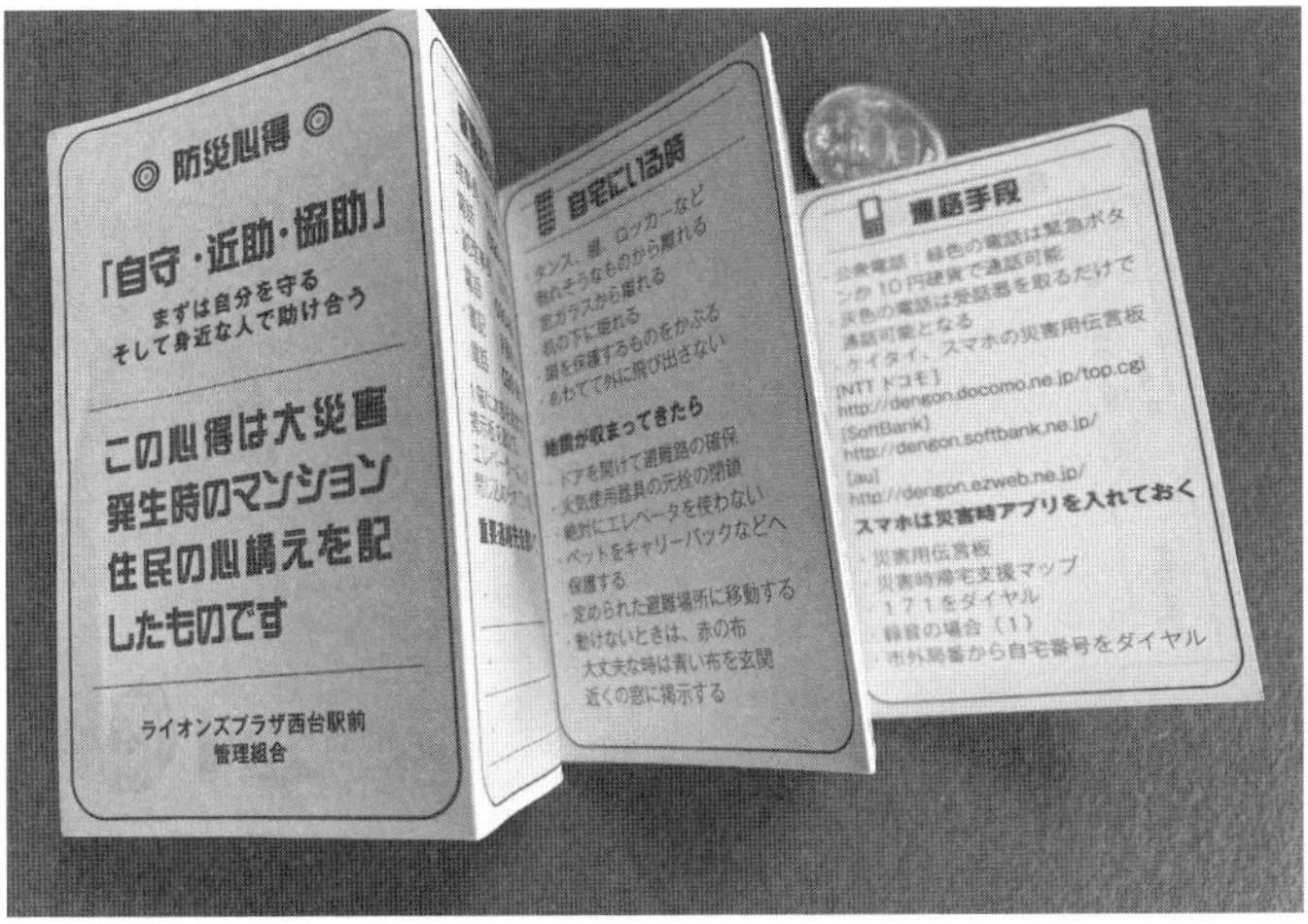

写真45　「自守・近助・協助」

いつ来てもおかしくない！

みなさん、備えはできていますか？　想定外は通用しません。わがマンションでは手のひらに入るサイズの「防災心得」を作成しました。

東京都が配布したのは「ハズキルーペ？」の宣伝ではありませんが、「厚すぎて持って歩けない〜！」

それで本棚に飾ってあります。当方が作成したのは、簡単なジャバラ折裏表のメモ用紙程度です。

タイトルは「自守・近助・協助」です。まずは、自分の身を守る。それから近くで助け合う。そして協力して頑張る。公助は期待できませんから（**写真45**）。

近辺のほとんどのマンションが災害対策など

というものは何もやっていません。みんな人ごとだものね。わがマンションでも訓練に出てくるのはせいぜい20名ぐらい。しかし、青いバンダナをつけたのは92戸のうち50戸ぐらいですので、良しとしましょう。

人口２００人程度のアリンコの巣みたいな共同体ですが、社会の基本単位ですからね。

ところで、ネットで「日本三大実録」というのを見ると災害の歴史が刻まれています。

① 南海トラフ巨大地震はあと10年後
② 十和田火山噴火は38年後
③ 朝鮮半島の白頭山の噴火は63年後

②、③まではこっちの命が持たない。

しかし、直近の関東巨大地震を生き抜けるか。自分の身を守るのは当然ですが、家族を守る。そして、近所の人を助ける。そこまで、でしょうか。

普段あいさつもしない、マンション管理に協力しない人たちでも、いざとなると輪の中に入ってくるでしょう。その時はやさしく迎えましょう。

災害訓練の前日にエレベーターが復旧しました

9月17日にエレベーターの定期検査がありました。その時に6階棟のエレベーターが停止したのです。技術者が必死に作業をしましたが復旧しません。

基盤の損傷ということで、部品をメーカーから取り寄せる必要があるとのこと。連絡をしたが、台風の被害で東京のパーツセンターには在庫ゼロというのです。

30日にならないと入庫しない！　それまで待てますか？

実は6年前にも同じことがあったのです。その時のホットラインを掘り返して交渉しました。結果、大阪のパーツセンターから赤帽車で運ばせて復旧したのは9月20日の夕方。やはり4日かかりました。30日よりはいいですけれど。

災害の時には2週間は止まります。エレベーターがなければマンションはコンクリートの箱を積み上げただけの「立て長屋」。

タワーマンションなんてどうするんでしょうか？　と思っていたらやっぱりでしたね。

各地で相次いだ台風19号の被害

当マンションの立地も、ハザードマップでは洪水予想地域です。

荒川が氾濫すると、最悪水位約5メートルの水が押し寄せます。自宅は2階ですがベランダの上までで約4メートル。

5メートルとなると私は首が出ますがカミさんが水没する。これはマジの話です。

13日の夜にかすかに防災放送が鳴り響きました。ベランダ側は風雨が強かったので玄関側を開けて耳を澄まします。雨と風の音の中でまだらに響く避難警戒警報はやはり不気味ですね。

深夜、何人もの居住者が廊下に出て戸惑いながら放送を聴いていました。

カミさんと私は顔を見合わせ、着替えをしましたが、風雨が強いので近くの小学校に避難せず自宅待機としました。

私が理事長をやっていることもありますので。そして2人で納得するように「小学校の体育館が避難場所だけれど、あそこはマンションよりも低い。どうしたもんじゃろう」と話して避難しませんでした。

その後、避難場所となっている小学校の体育館が、マンション2階より低い問題について区に確認してみました。

当日の夜、避難した人は130名ぐらいだったそうです。そして、実際に洪水となった時は、3階の教室部分に誘導する予定になっていたとのこと。

そんな初歩的なことも知らなかったんです。管理組合理事長としては失格でしたね。

それなりに防災体制が整ってきたと思っていましたが撤回します。

地震のことだけ考えてのことでした。水が荒川から溢れると、防災グッズを置いてある倉庫は水浸し。せっかく設置した自家発電用ガスボンベ、そして発電機、照明器具もあえなく水没。さらにエレベーターの制御基板が地下にありますから、これもアウト。

もう一度点検し直しですね。

荒川が氾濫すると当マンションの1階の災害時用物資の保管倉庫が水没します。同時に1階に居住している人は上層階に移動するか、区指定の避難場所に逃げる必要があります。

巨大地震への対応を想定して防災グッズを揃えてきましたが、水害の時は役に立ちません。どうするか。水の来ない2階以上の部屋を管理組合で確保して倉庫兼1階の住民の避難場所にするか。

今日の朝、1階居住の奥さんが管理人に「荒川が氾濫したら1階はどうなりますか？」と聞いていたそう。

管理人は「詳しくは知らない」と答えたそうですが、管理組合としてはそれなりに正確な情報をみんなに告知する必要があります。

もし専有部分を管理組合が所有するとなれば、任意団体のままでは不都合があります。継続した財産の保有に伴う登記などの法律事項が出てきますので。

管理組合法人への移行も含めて、いろいろな課題が浮かんできた「水」の問題です。

荒川が氾濫して洪水に襲われた時なんですが、どのくらいの水が押し寄せるのか一応予想があります。その水の深さを「浸水深」という単位で表示しているんです。あまり聞いたことがないですね。

水の深さだと「海抜」という単位の方が聞きなれています。

その単位で当マンションの2階は大丈夫だと思っていたのですが、気になり区の防災危機管理課へ行って確認してきました。

ハザードマップを出して、地図に書かれている土地の高さを確認します。そこには海抜で標記されています。

一方、浸水深《しんすいしん》が5・0メートルなんて記述されているのですが、これがどこから測ったものか担当者も分からない。

国へ確認すると言ってから半日かかり先ほど電話がありました。結局、そのあたりの地盤の平均値からの水の深さだというのです。

こんな初歩的、基本的なことが現場で分かっていない。驚きました。

で、当マンションはやはり地盤から5メートルの水深となる。話が元に戻りました。こりゃ私も含めて2階まで水没します。根本的な心構えが必要です。

管理人の仕事を把握していますか？

15年前、大東京ステータスという管理会社の頃、管理人は玄関脇の管理人室にほとんど居て、時折若い担当者が訪問してくる。その若者を「フロント」と呼ぶことを初めて知りました。管理人は、だいたい会社をリタイアした60歳以上の人。フロントは若いのに年配の管理人をアゴで使う。そのころ、正直、管理人がどういう仕事をしているのか理解していませんでした。掃除だけ？　ある管理人は管理会社用のポストを自分の連絡先にして、競馬の予想紙をとっていました。そして、週末になると管理人室にこもって熱心にそれを読んでいたものです。

管理会社の作業マニュアルがあるのですが、それを管理組合と共有することはありませんでした。そこでやっと最近、管理会社に申し入れ、管理人の1日の作業内容、毎月のゴミ処理の予定、1年間の作業予定を表にして作成し、みんなで共有することにしました。ここまでくるのに15年かかったのです。ノロ過ぎました。

ここに掲示したのは1日の作業内容です。これを管理会社の担当者、管理人、管理組合とで読み合わせ、確認してそれを掲示します。そうすると居住者も管理人がどういう仕事をしているか理解するようになります。これは大事なことでした。

管理人作業マニュアルの基本部分は次の通りです。

「京都のガソリンテロ事件から学ぶ。管理人はマンションの安全を守る最前線、不審者には必

大東京西台駅前　管理人マニュアル（平日用1）

時間	作業内容	備考
基本	・京都の「ガソリンテロ事件」から学ぶ。管理人はマンションの安全を守る最前線、一番手。不審者には必ず声を掛ける。相手が応答しない場合は理事長に連絡する。営業と思しき人にはどちらへ行くのか丁寧に聞く。うるさがられたら「ここの管理組合は厳しい」と伝えて大丈夫。誠実な対応がない場合、退去を求める。防犯カメラの時間と映像を確認。 ・居住者へのあいさつは目を見て、歯切れよく。子供へも同じく明るくまじめに対応する。 ・掃除が基本作業。毎日の変化で、なにかが起きていることを気づくこともある。 ・エントランス、エレベーターはマンションの顔。隅に気を付けながら清掃をする。髪の毛もひろう気遣いが必要。 ・どんな異変にも素早く反応。必ず、理事長、フロントへ連絡・報告する。メモを残す。 ・不在者の預かり物はできない。 ・落とし物は理事長と管理会社担当者に報告。	・マスクはつけない。 ・クモの巣は視線が届かないところにはびこる。気配りが問われる。 ・声掛けが「防犯力」を高めマンションの財産価値を高める。 ・掲示板の利用は、必ず理事長に相談する。管理会社の印刷物でも許可なしに掲示できない。 ・引っ越し、修繕作業などは事前通告が必要です。いきなり始めたときはすぐ理事長に連絡すること。 午前中に基本作業を終了させること。
7時30分	出勤。管理人室にて作業着に着替える。 管理人室の監視カメラのモニターに電源を入れる。 受付窓のカーテンを開ける。必ず全開にする。 開錠。 ゴミ置き場の扉を片側だけ完全開放する。 ゴミ置き場の流し台のところにある木製のストッパーを使用して扉を止める。 ゴミ置き場から駐輪場、テナント側敷地、玄関まで異常確認。 いったん事務室へ戻る。	管理人室窓のところに現在地、作業内容の掲示版を掲げる。
8時30分	ゴミ置き場の状況確認。分別整理。 缶ゴミについては注意！袋で出しているものは中身を確認。生ごみが混じっていることがある。すべてチェック。	火、木、土…可燃ゴミ、8時45分までに出す。 水…リサイクル　8時10分までに出す。 最終の缶ゴミは13時30分に来る。

大東京西台駅前　管理人マニュアル（平日用2）

時間	作業内容	備考
9時30分	敷地外回りの清掃。ゴミ置き場にあるホウキ、チリトリを使用。 駐車場、駐輪場、敷地周り確認。店舗前、マンション前の歩道、植え込みの中にポイ捨てゴミあり。吸い殻、空き缶など。	ゴミカート、リサイクルボックスは洗剤で洗浄する。
10時30分	14階へ上がりエレベーター内、館内を巡回しながら点検とゴミ拾い歩き。6階棟についても同じ。管理人室前のホウキ、チリトリ使用。 玄関アプローチ、エントランスホール、1階全フロアー掃除、エレベーターマットを水洗いする。	日常業務は常駐管理人がやりますので、臨時管理人は無理のない作業を行う。その場合でも、丁寧な作業、態度が大事。居住者が必ず見ている。
11時30分	管理人室へ。連絡事項などの確認。事務処理。居住者はもちろん、訪問者には必ず「こんにちは」と歯切れよく声をかける。子供たちへも同じ。	清掃の主な箇所は午前中に終わらせる。
12時～ 13時	12時に管理人室受付カーテンを閉め、中で昼食、休憩。	
13時	各階廊下、階段の手すりを拭く。雨上がりの時は汚れが目立つことが多い。こびりつく前に拭き掃除をする。	
14時		
15時	必要書類は、パソコンで作成して記録していく。管理業務日誌の記入。どんな細かいことでも、気が付いたことは必ず記録する。	
16時	作業終了、退室。 帰り道でも駅前で居住者と会うこともある。挨拶を忘れず、気を抜かないように。	

・毎週金曜日…点灯試験を実施、残留塩素の検査

ず声を掛ける。相手が応答しない場合は理事長に連絡する。

……居住者へのあいさつは目を見て、歯切れよく。子供へも同じく丁寧に対応する。掃除が基本。その毎日の作業の中でわずかな変化に気づくこともある。

エントランス、エレベーターはマンションの顔。隅に気をつけながら掃除をする。髪の毛も拾う気遣いが必要。どんな異変にも素早く反応。

必ず、理事長、フロントへ連絡、報告する。クモの巣は視線が届かないところにはびこる。気配りが問われる」

こうした心得を基本に、時間ごとの作業内容が記載されています。これはもちろん更新されていきます。

素人が理事長なので分からない!?

たまたまテレビの番組でマンション問題をやっていました。登場した女性の管理組合理事長が、表題通りの言葉を言っていました。

これにははっきりと言えます。素人なんじゃない!　無知なんですよ。

管理費の滞納額が130万円あると平気で言っていましたが、当然修繕積立金も未納でしょう。

なんでそこまでほっとくんですか。３ヶ月、５ヶ月過ぎたら督促じゃなくて競売の手続きに進むべきです。

管理規約と区分所有法にその手続きが明記されています。「居住権をどうするのか!?」などと未納者をかばう人がこの近くの管理組合にもいますが、マンションは１人の無責任な態度が全体の利益を侵害することもあるのです。

その場合は、法的手続きを踏んで「追い出す」ことも可能なんです。

これは、管理組合が毅然とすることで防げる現象です。

いろいろなところで不具合が起こる

２０２１年の台風19号で当マンションにも被害がありました。その当日は日曜日、管理人は不在でした。

ところが、朝から管理人室から鳴り響く警戒ブザーの音。ドアを開けると赤色に点滅するボタン。

管理人室の地下ピット浸水と排水ポンプの故障との表示。

早速、警備会社へ連絡。「各地でトラブルが発生してすぐの対応は無理」と電話の向こうから答えが返ってきます。

こんな時のために契約しているのに、役に立たなければ契約の継続は難しい、と伝えると30分もせずに担当者が到着。

そして、関連会社から技術者が来て地下へもぐる。浸水により排水ポンプが水没していることを確認。

その後、その業者は見積書を提出してきましたが、わがマンションは10万円を超す金額の契約はすべて相見積が原則。緊急事態ですがネット上の他社を呼びました。

その業者はマンションの銘板を見て、大東京の仕事をしているので受注できないとエビのように腰を引いていいます。

私が今の管理会社は大東京ではないというと、それならと数字を出してきました。比較をすると5万円ほど安い。

そこで、そちらに発注。さらに、保険で水害による被害も補償されることにさっき気がついたのです。良かった。

押し売り工事？

青い作業服の人間数人が、複数のお宅を訪問して台所などの工事を勧めているとの話が居住者から入りました。

すぐに管理人と一緒に様子を聞いて回ります。そうしたら「近くで工事をやっているが、騒音が響いていませんか？」と言って声をかけて歩いているという。

そして対応した居住者にドア越しで「このマンションは築15年を超えているので漏水の心配がある。水回りの工事が必要かもしれない。見ましょうか？」と親切そうに声をかけるのが定番。

そこでうっかりドアを開いて自宅にあげると「あそこが、ここが」と始まる。つい心配になって相談すると、その場で契約書を書かされる。「絶対にドアを開けちゃダメ。インターフォンでやりとしてキッパリと断ること」とアドバイスをして歩きました。

そして、自宅に戻ると、また管理人から電話が入りました。「〇号室の方が契約してしまいました。契約金額は300万円です」。すぐに管理人室に駆けつけ相手の会社に電話をしましたが、案の定生体反応はない。そんなものです。

そこで、その場で契約解除のはがきを作成させ、またFAXでも解約の書面を送信しました。

その後、脅しの電話が居住者のところにきましたが、旦那は電話を取ることもせず逃げてしまう。奥さんが出て「警察に届けた」と言って拒否しました。

高齢者問題が深刻です

奥さんが倒れて病院に入った80代の居住者がいます。仮の名を佐藤さんとしましょう。一人暮らしになって数ヶ月になります。最近、ピンポ〜ンと相談にやってくるのです。

先日も「電話がビーッとなって止まない」と相談に来ました。そこで、自宅まで同行。エレベーターで14階まで上がり、ドアを開けて本人が先に入る。

私がその後ろについて玄関に入ったら、くるっと振り向いて私の顔をじっと見て「え〜っと、なんでしたっけ〜〜!? どうしてそこにいるの?」と。

怒っちゃいけない。「電話が不具合ということで呼ばれたんですが」「あ〜そうだった」で電話機のそばに行って配線などを確認。試しに自分の携帯に電話をしてみる。「問題ないですね……」「さっきはおかしかったのに……、それと新聞が来ない」。机の上の新聞を見たら今日の日付。「それじゃないの?」「アレ〜」大丈夫ですよ。みんなおんなじ。サンポ歩いたら自分がどこから来たか分からなくなってくる。

「また、なんかあったら気軽に声をかけて」と元気づけている。本人はムスーッと納得のいかない顔だ。明日は我が身ですよ。

繰り返す佐藤さんの訪問

そして、ある日の午後7時頃、ピンポーン。「高島平警察署ですが」とインターフォンから声がする。ドアを開けると、お巡りさんと14階の住人、佐藤さん。

「管理人さんですか？」「いや、理事長ですが」「なんでもよく知っているから〜電気がつかない〜」

仕方なく14階の自宅へ。真っ暗な中、配電盤のボックスを探します。半開きのボックスを手探りでまさぐり、ブレーカーを上げると無事電気がつきました。

「あ〜良かった」「ここをいじっちゃダメ！」と言い残し、お巡りさんと一緒に帰ったのですが、すぐにまた「ピンポーン！」「どうしたの？」「なんか音がして……」よれよれ歩きながら部屋にたどりつきましたが、もちろん異常はなし。

「ともかく、鍵を閉めて寝ること」と言って外へ出ます。また来るかも……と思い14階のエレベーターの横で様子を見ていると、「ガチャ！」。目が合います。

「灯りがチカチカして。見て下さい」確認して「もう大丈夫、寝なさいね〜」とドアを閉めます。そしてまたすぐ「ガチャ！」。これを3回繰り返しました。

結論、暗くなると孤独に耐えられないんですね。それで、妄想と徘徊が始まる。そこで、区のお年寄り支援センターと協力して見守ることにしました。

異変に気づく管理人さん

その後、12月27日のことでした。管理人が「佐藤さんの姿が見えない」と言います。数日前、寒いのに薄着で歩いているのを近所で見かけ、「風邪ひかないでよ～」と声をかけたばかりでした。

佐藤さんは毎朝必ず新聞を取りにポストに来るのです。そこで、管理人に指示してポストの中を確認しました。そうしたら水曜日から3日分溜まっています。明らかにおかしい。

管理人室のインターフォンで佐藤さんの自室と連絡しても応答がない。しかし外出している可能性があります。2日に1回は認知症の奥さんが入っている施設を訪問しているのです。

そこで区の支援センターを通じて確認すると、火曜日以降は来ていないとのこと。これはダメだと理事長として即決して、消防のレスキュー派遣を要請。

すぐ10名余の隊員が駆け付けてきました。隣、下の階の部屋をノッキングするも不在。佐藤さんのところは14階最上階の部屋なのです。台風並みの強風の中、屋上から隊員がハシゴで下り窓から部屋に入って倒れている佐藤さんを発見。怪我をしていて脱水、低体温症でしたが幸い息はしていました。

すぐ病院へ搬送。かすかな異変に気づかずにいたら、暗い新年を迎えるところでした。

これまでも、4件のレスキュー対応の経験があります。いずれも高齢者のお宅でした。

そのうちの1件は手遅れで亡くなられていました。その都度10人を超える救急隊員がかけつけ、2名の警察官も飛んできます。また、区の高齢者支援センターの担当者も駆けつけるという物々しさに直面すると、もしかして「外出していただけ」なんてことになったらどうしようか？　と心配になります。

病院に収容されてから、そのままにしておくわけにもいかずカミさんと病院を訪ねました。2日間は傾眠状態。3日目でやっと「シブタニだよ！」に反応。「連絡する人はいますか？」と聞くと「ない」とここだけは明白に回答。担当医によると「88歳という年齢もあり、老衰の経過をたどっているのではないか」「本静脈に直接栄養を入れて様子を見るが、回復が難しい時は次の段階に進むことになる」と。

佐藤さんと同じように、3ヶ月前に部屋の中で倒れ病院に運ばれた一人暮らしの高齢の女性は、1月3日に亡くなられたと連絡がありました。

この場合は遺族がおられたので、その方の責任で対応できました。一方で入院中の佐藤さんは奥さんが認知症で施設におり、娘さんも施設にいます。その他に身寄りがありません。

この場合どうするのか？　先日、担当医と区の「おとしより相談センター」の担当者と私、つまり管理組合理事長と三者で相談しました。そして、医者の判断は老衰の過程をたどっているとのことで、区長が家庭裁判所に申し立てて後見登記をする手続きに進むことになりました。

しかし、結論が出るには最低でも3ヶ月かかるというのです。そこまで佐藤さんの息が続くのかどうか？　もし亡くなると認知症の奥さんの後見手続きが必要となります。

カギは私が預かっています

救急隊員が佐藤さんを助け出した時に支援センターの担当者と警察、救急の隊員が顔を見合わせて私の手に鍵を乗せて退去していきました。

こんなケースが増えたらどうしましょう？　駅前一等地でありながら「事情あり無人室」が5室あります。

病院へはカミさんと何回も出かけ、看護師からの依頼で当面必要なおむつ、口の中をきれいにするシートなど複数のグッズを私の負担で揃え、枕元に置いてきました。入院、治療費用などは区が仮に負担するとのこと。

かつて自分の親の時には、たった1回津軽に帰り、そのまま父が横たわる病院のベッドの横で一晩過ごしました。

朝になって私が「このままじゃ病人みたいだから」と父に声をかけヒゲを剃ったら、それが父の「あきらめ」につながったのか、スーッと息を引き取ってしまいました。

なんと、家族で死に目に会えたのは私とカミさんだけ。

その埋め合わせか他人の高齢者に多くの時間をかけています。そういえば、いつだったかアパートの中で死んでいる人の第一発見者になったことがあります。

その時は警察の事情聴取で時間を取られ、棺桶まで手配して警察署に届けた経験もあります。

佐藤さんの話のその後

今朝、区の担当者から連絡がありました。これからマンションに向かうと言うのです。

玄関に出向いたところ、担当の女性が3人で来ていました。病院に行って佐藤さんと面会したが会話が成立しなかったと言います。

私が預かっているカギで佐藤さんの室内に入り、現金、預金通帳を預かり、そして後見手続きを進めるとのこと。

昨日、私が面会した時には、それなりの意思疎通ができたのですが、知らない人には反応しないのです。

ともかく一緒に部屋に入りました。そして、数ヶ所引き出しを開けたところ、1万円札の束がいくつか出てきました。ソファに座ったら腰のあたりに封が破れた封筒があります。覗くと、その中にも現金が。総額300万円ぐらいになったのではないでしょうか？　そこで、担当者は社協（全国社会福祉協議会）の担当者に連絡。立ち合いを求め、現金と銀行の印鑑を預けました。そして預り証を作成して私に渡します。

預金残高に現金の額をプラスしてマンションの価値約4000万円を合計すると、総額は1億円を超えるのではないでしょうか。それは病院の治療費、後見人となる行政書士などへの支払いに消えていきます。

佐藤さんが亡くなれば、奥さんにまた後見人が付きます。それから先、誰も相続人がいなくなれば国庫に入ることになります。

ね〜みなさん、お金は自分のため、家族のためにどんどん使って残さないよう『うまく逝きましょう!?』。これを知ったことで、私とカミさんからため息が消えました。

カギは引き続き私が預かることになりました。後見人が決まるにはやはり3ヶ月はかかるとのこと。そして、マンションの部屋の処理はさらに先になります。これは簡単には進みませんね。

しかし、いろいろなことがあるものです

昨夜、午後10過ぎ、女性の居住者から電話がありました。「鍵を紛失した。マスターキーはありませんか?」。声は必死です。

「マンションは個人責任の居住になっていて、マスターキーなどは保管していません。鍵屋さんに連絡をして来てもらえば短時間で開けられますよ」と答えて寝てしまいました。

そうしたら夜中12時ごろまた電話。「エレベーターに乗るのに鍵がない。お願いします」地方にいるご主人が鍵屋さんに連絡をして現場に来ているが、鍵がないのでエレベーターに乗れないというのです。仕方なく現場へ。若い鍵屋さんが玄関前に到着。心配なので「費用はいくらかかるの？」と聞きました。そうすると「見てみなければ分かりません」「金額が分からないと心配じゃない」「このタイプの鍵は1ヶ所開錠で約3万円」と平然としています。

結果は上下2ヶ所の開錠で7万3420円。消費税込み。女性は涙目でその場で支払いました。ネットのその手の広告には「2980円～」と出ているのに。ヒドイ～

「？」がいつも頭に浮かぶことが大事

どんな問題でもそうですが、何も疑問を持たずスルーしてしまう人もいます。「いいじゃん、金で済むならその方が楽！」という生き方もあります。

ところがその人の奥さんは、スーパーで50円、100円安い品物を物色しながら生活を守っているのです。

マンション問題では無知・無関心の人が、みんなの財産の価値を落としています。道路でその人の後ろを歩いていくと、1万円札をばらまいている光景が私には見えます。

「なんにでも疑問を持ちはじめたら、時間がいくらあっても足りない。そんなに人を信用しないならセミナーなんかに行かなければいい」という人もいるのですが、やはり人の失敗の話が一番参考になるのです。

プロの棋士のように何百手先を読めとは言わない。それは私も無理。しかし、幼児になったつもりで「なぜ？　どうして？」と深掘りしていくと、真実が見えてくるのです。三手ぐらい先を見通すようにしましょう。さあ今日も、あそこの足場を見に行こう！

外国人の居住者が増えています

マンションの居住者の3割が、外国人になってゴミ出しのルールを守らない。生活のマナーが合わない。どうしたらいいか？　という相談が出てくるようになりました。

そんな話題になると、すぐ「ナントカ人はどうしようもない」などという声が上がる。いやいや、日本人でもロウニャクナンニョ（古い中国の呉音??）おんなじですよ。

ボケたふりして、分別していないイッショクタのゴミを出す高齢者。そうしたゴミは回収されず置き去りになるので管理人が、袋を開けて全部分別し直します。

そうかと思えば、なぜかマンションの玄関にコンビニのカートが置き捨てられている。

監視カメラで見ると、80歳超えのオバーさんのシワザです。しかし怒っても仕方がない。そこで、それを見つけしだい、私が「すいません〜」と店に返しに行っていました。

先日は、若い住人（もちろん日本人）が3人、タクシーで夜中にヘベレケで帰ってきて、裏の駐車場側敷地内でゲロを吐きました。監視カメラに全部写っているんですよ。

朝、管理人から報告を受けて、そのままにしておいて当事者のドアを叩いて起こしました。そして、バケツ、ゾウキンを持ってこさせて、なめるように掃除をさせました。

そう、思い出した。置き去りカートのオバーさんの話ですが、それからまもなくしてある昼の時間、救急隊が来て騒がしい。

介護の女性たちが連絡が取れないと通報したようです。本人はトイレで亡くなられていました。

ね、何ジンなんて関係ない。マンションは「自治国家」なんです。ここが「日本」だからではなく、自分たちのマンションのルールは「居住者」みんなで作る。それを周知して、みんなで守る努力をする。民主主義の学校ですね。

さらに理屈で説明を追加すると、総会が「国会」。そして理事は「議員」。理事会は委員会。管理会社は「役所・官僚」と理解すれば分かりやすい!?

このあたりがヘソですね

「マンション管理」ですが、誰が「管理」するんですか？　当たり前ですね。法律上、管理組合がマンションの共用部分を管理します。

しかし、実際は管理委託契約に基づいて、管理会社に依頼し、管理してもらうのがほとんどでしょう。管理人も管理会社から派遣されてきます。

管理費、修繕積立金の引き落としは、管理会社が各口座を管理して引き落とす。会計の統括処理は管理会社がやっている。そんなことを繰り返していると、管理組合は管理会社に「管理」されるようになってしまう。

理事会、総会の運営、こまごまとした物品や修繕工事の発注まで、管理会社の言いなり。わがマンションでも約10年前、「管理費を払っているんだから、管理会社に任せます」という理事長が就任したことは先に触れました。

それはダメだと私が言っても、「見解が違う。私は私のやり方でやる」と言い張る。そこで、決意しました。こういう人たちに任せていたら、自分たちの財産が失われる。それで、7年前、私が再度理事長に立候補して就任。そして管理会社大東京ステータスを替えることで、管理費の支出が1700万円から1200万円に節約できました。

そしてこれが大事なこと、修繕積立金は必要な「都度修繕」を重ねながら、93戸で1億5000万円を超える残高となっています。

その後、他のマンションの役員会にオブザーバーで参加する機会が増えたのですが、その場でも疑問を持たない声が相次ぎます。

もちろん専門家と称する人たちが同席することもあります。政府の審議会の委員をやっている弁護士先生が、「役員は輪番制で〜」なんて平気で発言していますからね。

ここで、管理会社に「管理」されていることに気づくポイントを挙げておきましょう。

○管理会社が作成した輪番名簿に基づいて役員改選をやっている。
○管理委託業務費の値上げ通告に対し、他の管理会社から相見積を取ることなく「交渉して値下げさせた」などと勘違いして契約を継続している。
○管理費の収入と支出がバランスしていないのに、駐車場の収入などでつじつまが合っていると思っている。
○管理会社が作成した「長期修繕計画書」に疑問を持ったことがない。
○理事会・総会の日程を決める時、管理会社の担当者の予定を優先している。

「監視社会」――嫌な言葉ですね

自分も含めて人が見ていないと、ちょいとやってしまうこともあります。気がつかない闇が心の奥底に潜んでいますからね。

わがマンションで起こった居住者によるエレベーター内での盗撮行為。監視カメラが付いているのにそんなことをする人がいます。

管理人室に監視カメラのモニター画面があるのですが、その中の16に分割された細切れの画像の一つがピカッと光りました。それがたまたま通りすがりの管理人の目に入った。なんだろうと思い拡大して再生してみたら、同乗した女性のスカートの中を盗撮した男の犯行現場が写っている。監視カメラの画像は自動的に録画されているのです。そしてほぼ1ヶ月間は保管されます。

管理人から通報を受け一緒に画像を確認しました。そして、その他の記録を探してみると、複数の盗撮の現場動画が残されていました。

これは、管理組合の責任の範囲を超えています。記録画像をUSBメモリーに移して最寄りの警察署へ。

警察はもちろん慎重に事実関係を確認して、逮捕ということになりました。

逮捕されたその日、会社に出てこないことから職場の上司が心配してマンションを訪ねてきました。

管理人がそれを引き継ぎ、私に連絡をよこしました。そこで、1階のエントランスで面会。私は事件の詳細は説明せず「本人は○○警察署にいるはず」と答えました。

その後、本人は処罰され、会社の方も免職となりました。

そこで、本人には理事会の決定を受けて「退去勧告」を通知しました。その後、引っ越していきました。

10年を超えるとやはり監視カメラのシステムも劣化が進むので、一部増設を含めて16ヶ所のカメラを更新することにしました。

もちろん相見積です。A社は200万円、B社は150万円、C社は100万円。そこで、C社に発注決定。

モニターをエントランスに設置しました

監視カメラのモニターを、エントランスの通路に掲示することにしました（写真46）。監視カメラでの画像がどのように映っているか、居住者に知ってもらうためです。そのことは総会の特別決議として提案しましたが、無事に成立しました。

そうしたら、自分たちの日常の生活がどう映っているか関心が高く、時折モニターの前で居住者が立ち止まり、その画面を見ている光景が見られるようになりました。訪問者もエレベーターを待ちながら、じっと画面を見ています。その効果かマンション内でのマナー向上に役立っているようです。

これがもっと早く実現していれば、あの盗撮した居住者もマンション内ではやらなかったの

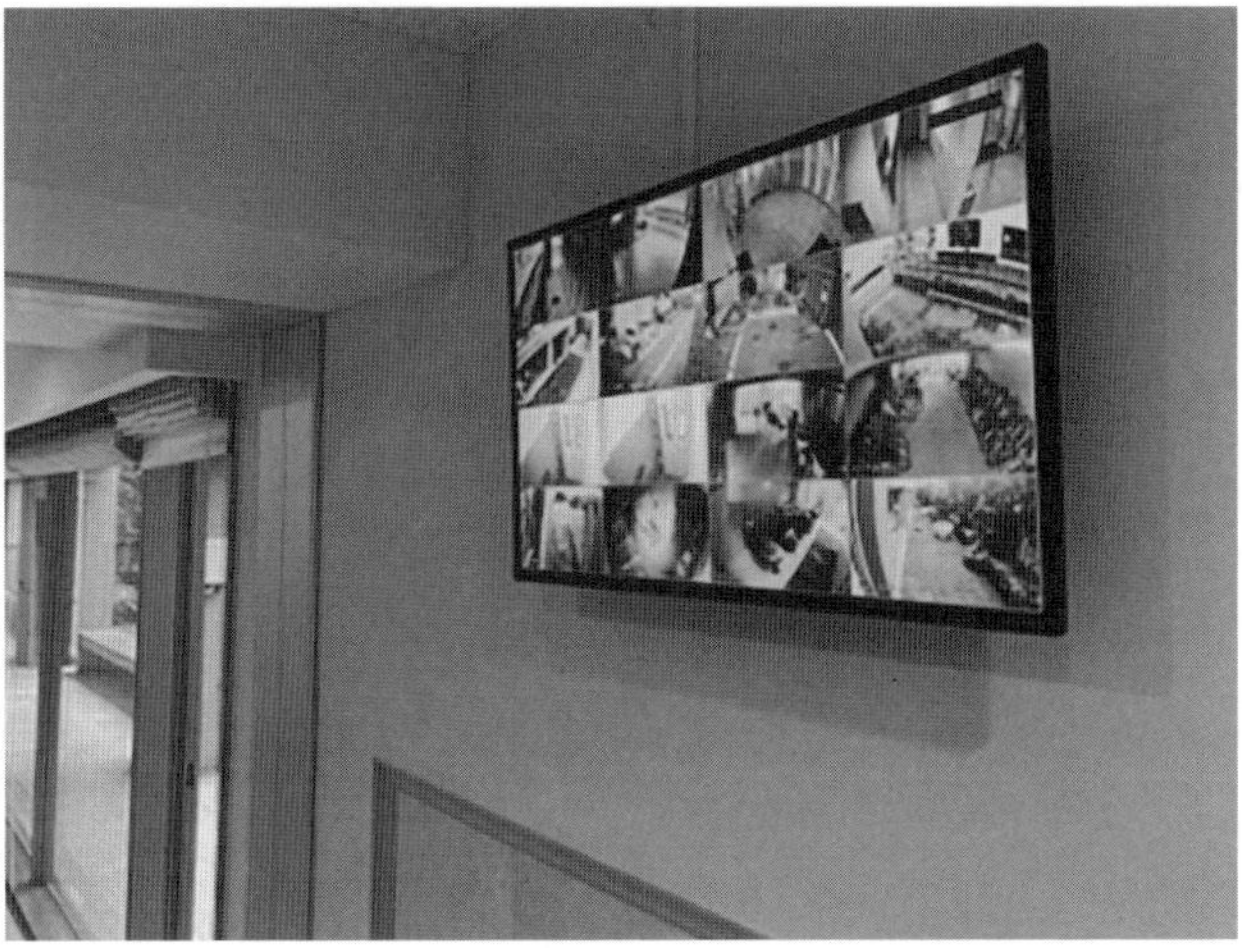

写真46　エントランスにモニター設置

ではないか。免職になることもなかった。難しいですね。

今どき街のどこにでも監視カメラが設置されています。でも、自分がどう映っているのか、誰がその画像を管理しているのか？　あんまり関心がありません。

わがマンションでは、何か異変があった時は録画を検索します。ほぼひと月保管されていますので。もちろん、運用細則がありますから、理事長と他の役員、管理人で確認します。監視社会がいいとは誰も思っていないのですが、事件が起こるものなんですね。

その他にも外国の若者と思われる4人組が、深夜3時ごろ壁をするする登って2階ルーフバルコニーに上がった事件（写真47）。たまたま運よく3階の方がベランダに出ていて異変に気づき、スマホのカメラを起動したので、その光

写真47　深夜外壁に登る不審者

で追い出すことができました。もちろんこれは犯罪ですから、そこの居住者と相談をしてこのデータを添えて警察に届出しました。

自転車盗難事件。駐車場の裏でタバコの吸い殻を山盛りにした事件。クリニックの郵便ポストに吸い殻が入っていた事件。犯人は学校の教師でした。その都度、録画を検索して犯人を突き止め解決してきました。

ところが、画像解析に結構な時間がかかるんです。そこが難点ですね。

監視カメラの活躍

さらに起こるんですね、事件が。知らない若者が、昼に管理人に居住者の部屋番号を言って正面玄関のカギを開けてくれるように頼みました。

携帯で居住者本人と替わるから確認してと。当然、管理人は断ります。

そうしたら玄関を出た若者は裏に回り、2メートル40センチの高さの柵をするすると登り越えたのです。それは監視カメラに実況中継で写っています。

管理人はすぐにエレベーターでその居住者の部屋に向かいます。そして廊下でその若者と鉢合わせ。

「玄関の鍵は開いてるから中に入る」と若者は言い張りますが、管理人は警察を呼ぶと厳命。あきらめて、若者は管理人と一緒に正面玄関から退去しました。

その後、私に事の顛末の報告がありました。そこで、その居住者に面会し事情を聴きました。そうしたら若者に柵越えを指示したこと。そして、自身が以前に複数回柵越えしてマンションに入っていたこと。若者は未成年者であること。

本人はもう二度とやらないから許してと言っていましたが、これは即アウトの違法行為です。記録画像を警察に提出することになります。それが嫌なら、ひと月以内に退去するよう求めたところ、それに従うという。こんなこと理解できます？

コロナ対策

エントランスが密室になるので、中庭のドアを昼は開けたままにすることにしました。また、もう一つの廊下のドアも開けて換気できるようにしました。

管理人が朝、夕方にエレベーターの操作盤を除菌タオルで拭いています。スプレーはダメです。故障の原因になります。低層階の人はできる限り階段を使うように掲示しました。

そして、自覚のない感染者、また自宅待機の軽症者が出ることもあるでしょう。そうした人が出すゴミが問題です。

管理人にはできる限り触らないよう、決してゴミ袋を開けないよう指示しました。ゴミ倉庫の換気にも気をつけて、定期的にアルコールをスプレーで散布することにしました。

感染した人が名乗り出ることはないでしょう。濃厚接触者の追跡で保健所から連絡が来るのかな？　約２００人居住していますが、やれることは限られています。

問題は管理組合の運営です。大手の管理会社は一方的な通告で、理事会、総会にも担当者が参加せず、管理人もゴミ出しの時に出勤するなんてことになっています。これでは「マンション管理崩壊」ですね。業務執行機関の理事会が機能しないと、マンションはコンクリートの箱を積み上げた「立て長屋」になってしまいます。

規約で、理事会は理事本人の過半数が出席しないと成立しません。しかし、そうも言っていられません。

そこで、先日の理事会で規約改正を前提として、「ネット理事会」をやることにしました。

理事会の項目に「例外」を設けて「コロナのように理事が集合できない事態の場合は、ネットシステムを活用して、それぞれ在宅しながら理事会を開催することができる」としました。

この内容は、次期総会で正式決定しますが、当面はこれを適用していきます。

国が緊急事態宣言を出し、都知事が外出自粛要請をしているのですが、西台駅前の当マンションのあたりは人が多く歩いています。

そしてこの時期に、他区から引っ越してくるとの申し出が管理会社を通じてありました。その区は板橋の人口60万人のほぼ3分の1。板橋でのコロナ感染者は現在90名ぐらいですが、その区は約270名と3倍の感染率です。

そこから、この時期に引っ越してくるのは正直やめて欲しい。しかし、当事者は現住居の契約を解除しているので、こちらへ引っ越してくるしかないと仲介業者、管理会社を通じて必死の申し入れをしてきます。

みなさんが理事長ならどうします？　憲法では居住、移転の自由は基本的人権として保障されていますからね。管理組合は「自治国家」ですが、日本国の中に存立している自治組織ですから、国のルールに従うしかありません。

しかし、この時期の移転は一方で現居住者の安全を脅かすものです。

管理規約第1条には、「区分所有者の共同の利益を増進し、良好な住環境を確保すること」が目的となっています。

悩んだ末に軟弱な私は今回の引っ越しは認め、そして今後の引っ越しについては当面拒否するよう管理会社に通告しました。

形あるものは劣化する!?

そうですよね。マンションも築年数を経るほど価値が下がっていく。当たり前の理屈ですが、でも現実を知ると「?」が頭に浮かびます。

三田線西台駅下車徒歩1分30秒の立地。規模はほとんど同じで片方は築44年。こちらは築18年。

そこの理事長は管理会社任せにしない管理を主張してきましたが、他の役員、居住者が全く反応しないことでキレちゃいました。そこで自室を売りに出した。広さは約80㎡。契約金額は1700万円! 当方だとその3倍はします。

これ、当たり前ですか? そのマンションは、これまでほぼ10年ごとに約1億円近い費用をかけて3回も「大規模修繕」を繰り返してきました。でも各室のドアは昔の公営住宅のような風情。エントランスは誰でも出入り自由。古いままの造りなのです。

時代に合った、付加価値を高める修繕工事をやるなんて発想はなかった。

管理会社のいいなりで外壁の化粧塗り程度の「修繕工事」に貴重な金をかけてきたのです。

今残っている積立金は3000万円ぐらい。これからは戸当たり100万円の負担が一時金で必要になります。

わがマンションも管理会社任せにしていると同じ道をたどるのです。このあたりがマンション問題の核心かも!?

相変わらずタバコの吸い殻が……

たかが200人しか住んでいない、西台駅前マンション村。住人の顔は大体知っているんですけどね。

これもまた、理解を超える事件。ガラス張りのエントランス横に中庭があります。当然そこも監視カメラがカバーしています。人目のあるところですから中庭で悪さをすることは考えられないのですが、起こるんです。

管理人がタバコの吸い殻を見つけました。しかも、1、2本なんて数ではなく、全部で15本以上。銘柄はラッキーという茶色のタバコ。その多くは監視カメラの死角。つまり真下に落ちていました。

わがマンションは特別決議で敷地内、ベランダなど共有部分での喫煙は禁止にしています。これも廃棄物の不法投棄で立派な違法行為ですから、そのことを掲示板に貼り出しましたが申し出はない。こんな風に平気で悪さをする人がいるのです。先日、すぐ隣の公園で孫を遊ばせていました。そうしたらベランダに出てきた住人の手に白いタバコが。私に気づき、さっと隠しました。それなりの社会的地位にある高齢者です。ニヤリと笑って手を振っていましたが。ね～

みなさんならどうしますか？

わがマンションの1階には、内科クリニック、歯科医、薬局が入っています。

かつてはスーパーが入っていたのですが、「テナントが替わってマンションのイメージが良くなった」とホントみんなで感謝していました。

居住者も高齢化しつつありますから、まるで医療介護付きのマンションに生活できてグレードも上がったと自負していたのです。

ところがこのコロナ騒ぎ。朝、クリニックの前にできていた行列は消滅。

そして、発熱などの症状がある人は、表からでなく駐車場がある裏のドアを開放して診察する。医者が判断すれば、時々救急車が呼ばれ裏側の敷地に待機する。スタッフは防護服で身を固め出入りする。モノモノしい光景です。

それに遭遇した居住者から「あれ、なんとかならないの～！」と苦情の電話。共有部分を利用するこの状況について、みなさんが理事長ならどう判断します。

私たちが問われています

マンションは「自治国家」だと言いました。管理費・修繕積立金という税金を払い、それを大事に使いながら共有の財産をみんなで守り、生活の安全・安心を確保する。

国家は大げさだというなら、約１００戸・２００人が住む村だと思ってもいいでしょう。そこにたまたまお医者さんが住んでいて、診療所を開設している。普段は往診も行い、近隣の村から受診に来る人もたくさんいる。居住者・その家族も世話になっていて、ありがたいと日頃思っていたのにコロナになったら「そこが感染源になるのでは？」と不安になってきているのです。

でも、「ここでコロナの診察をするな！」。マンション内で感染者が出たら「出ていけ！」と言いますか？

近所の人たちがここの診療所を頼りにやってくるのに、「来るな！」とは言えないでしょう。いつ自分が感染するか分からない。私たちはつながりで生きています。それが人間のサガです。である以上、クリニックの先生、スタッフに感謝しつつ、自己防衛しながら静かに見守ることが正解だと思うのですが。

答えとしてハズレましたか？　今月末に元々予定していた臨時総会をウェブも併用して開催します。そこで、みんなの話を聞きましょう。

目の前をツーッと光りながら落ちていくモノ？

私の部屋は2階。エレベーターにいつものように乗り、そして1階のボタンを押す。そしたら、ツーッと落ちていく光が目に入りました。

ン〜!?　天井を見上げたらエレベーターの電灯のカバーの中に少し色がついた液体が見える。水か？

昨日エレベーターの定期点検で管理会社が入ったばかりなのに何？

すぐ管理人に話して再度現場へ。触ってみると油。潤滑油？

早速、管理会社に連絡。30分で担当者が飛んできました。私はエレベーターの天井が気になり上の階へ。そして、出口に開いている覗き窓から暗闇に目を凝らす。良く見えないがブリキのように光るモノ。

私　「缶が倒れているんじゃない？」

担当者「潤滑油の缶が倒れています」

私　「なんでこんなモノが載っているの」

担当者「どこのエレベーターでもベルト、ガイドレールに塗るため潤滑油の缶を上に載せています」

私　「知らなかった」

それで、すぐ新しい缶に交換。住人は知らずに乗って滴った床の油を靴で引きずっていく。当然通路に足跡が点々。その汚れも丁寧に掃除。ね、何が起こるか分からないでしょ。

リモートでの理事会

毎年3月に通常総会を開催し、4月から新年度になって毎月理事会をやってきました。

これまでも「コロナでやれない」なんて軟弱なことを言うつもりは毛頭なく、また他の理事も協力してくれてウェブ（ネット）を活用して、それぞれ自宅から参加する役員もいます。それで理事会ができるよう規約も改正しました。

今日は3月に臨時総会を予定していることから、理事長、副理事長、管理会社の担当者はエントランスに生《ナマ》集合。もちろん、マスク着用、距離を取って座ります。そして、ノートパソコンを活用して、他の理事の顔を見て声を聞きながら運営します。

世間ではこれを「ハイブリッド」なんて言っていますが、それほどのことでもない。「高齢者が多いから無理」なんて言っている管理組合役員を見かけます。それは自分が智恵のないことをさらけ出しているのです。

パソコン得意の子供に聞いて、周りに聞いてともかく機械に触ってみること。聞くは一時の恥、と半歩踏み出すことが大事です。

当然臨時総会もリモートで開催しています。

タタリ〜!?

わがマンションの隣はポケット公園です。ベランダからすぐ手が届くところにナンキンハゼが枝を伸ばしています。長い毛虫のような黄色い花が咲きます。そして、秋には白い種（カラは黒い、軽い毒がある）がなります。

そこに、キジバト、ムクドリ、ヒヨドリ、シジュウカラなど野鳥が通ってきます。自然はありがたいと普通は思うのですが、それを嫌う人もいるのですね。

公園の入り口に高さ20メートルを超えるケヤキが2本ありました。それが突然枯れてしまいました。

4年ほど前のことです。胴の周りをよく見ると、ドリルで開けたのか小さな穴が複数あります。そこに薬物を入れたようです。手口はネットに書いてあります。被害届が出て現場に警官が来ました。

なんてひどいことをするんだろう。「樹齢20年を超す木はタタルのにね」という話をしていました。

そして、昨日公園入り口に住む住人と立ち話をしました。「公園の樹木を伐れ、枝を落とせ」といつも公園課に文句を言う人です。

私は「今の時期の伐採は樹木に負担がかかるから最低限にするべきだ」と言いながら、本人の自宅玄関前で話をした時に、その住人がケヤキに穴を開け薬を入れたことを認めました。

そして、服をはだけてガーゼをつけた腹を見せ「タタラれた。胃がんになって手術した。これから病院へ行く……」奥さんは無言で家の中へ。

「生き物をソマツにしちゃダメだよ。いつも、ケヤキの霊が出てくるのはそのせいか」と言ってあげました。

自動ドアが故障しました

正面玄関ドア、そこから入ってエントランス入り口、そして、駐車場裏側出口のドアはカギをかざすと自動的に開くドアです。

部屋のカギにチップが埋め込まれているので、丸いセンサーにかざすと反応してドアが開くのです。出る時は人間をセンサーが感知してドアが開きます。

ところが、出かける時ドアの前に立っても反応が鈍い。また、外からカギをかざしてもなかなか開かない。

私は5回目で開いたことがありました。とうとうセンサーにまで嫌われたか～、なんて冗談を言っている場合ではありません。メーカーの代理店の技術者に来てもらって状況を確認しました。

駆動装置に注油して清掃したら直りました。その後分かったのですが、実はメーカーは修理を請け負っていない。メーカーの見積もりを出してきたのは大東京の管理会社でした。苦い経験です。

朝、5時14分、携帯が鳴る

意識もうろう、画面を見ると警備会社。「エレベーターから閉じこもりの警報があり、担当者が向かっている」と。

これまでも、火災報知機の誤発報などで警備会社が飛んでくることはありましたが、幸い昼の時間。

以前は、警備会社からの緊急連絡は管理会社にいくようになっていました。それだと管理組合は蚊帳の外で即応できない。また、管理会社の段階でうやむやになってしまうこともある。

そこで必ず理事長にも連絡をよこす態勢にしたのです。

寝巻の上に普段着を重ね着して現場へ。玄関近くのエレベーターの前で、警備会社の担当者と合流。

管理人室の非常ブザーを解除して様子を見にきたのでした。一緒に点検して問題ないことを確認。報告書を作成して撤退することになりました。

担当者が車で報告書を作成している時に窓越しに居住する女性が「誤って非常ボタンを押してしまった」と自己申告してきたと。

そこで、昼の時間に管理人と監視カメラの録画を確認。女性はエレベーターに乗って明らかに非常ボタンをじっと見て押しているのです。間違って押した風には見えません。みなさんならどうします？

築18年となるといろいろなことが起こります

今度は宅配ボックスの不具合です。玄関横に15個のボックスが設置されています。このコロナのご時世でみなさん頻繁に利用しています。ところがこれは単なる箱ではありませんね。故障してみるとそれなりに複雑な仕組みです。

玄関入り口、自動ドアのセンサーにカギをかざすとモニターに荷物が届いている表示が出ます。自宅のインターフォンにも赤ランプで表示されます。

また、異常があると警備会社が駆け付けるシステムになっています。

そして、マンション全体のパナソニックのシステムとつながっているのです。ですから、復旧には結構な手間がかかるのです。早く直そうとメーカーに連絡をしたら、「管理組合ではなく管理会社と連絡を取る」と当たり前のように対応してきます。

理事長である私が発注書を出し、修理の申し入れをしたのにウンともスンとも反応がありません。

もともと大東京がすべての設備を導入して系列の管理会社が当たり前のように管理を行ってきたので、バックマージンを含めそのつながりがまだ生きているようです。

これを断ち切らないと本来の管理になりません。これは一波乱ありそうです。

自宅が競売になる

エレベーターの前で顔見知りの高齢居住者が「困った。自宅が競売になる。相談に乗って……」とか細い声で話しかけてきました。後で連絡するということで別れましたが、その後電話がかかってきました。

そこで、自宅を訪問。机の上に2枚の書類が置いてあります。そこには「抵当権設定金銭消費貸借証書」と印字されています。1枚目の書類には借入金800万円と記述されており、2枚目には5000万円とあります。

長男が債務者ですが、本人が連帯保証人となっています。2枚目については金額も含め記憶がないというのです。これは理事長の相談範囲を超えているので、知り合いの弁護士と連絡を取り対応を検討することとしました。

昔はゴルフを一緒にやったことがある方ですが、その後脳梗塞を患いリハビリを繰り返しているのです。みなさん、家族であってもむやみに書類に署名、捺印してはいけません。

その後、経過があり、金融機関の脅しに屈せず、競売に本人が応札することで対応することにしました。結果は35人？　の応札がありましたが、見事居住者本人が落札することができました。

競争相手の金額は不明ですが、弁護士の前で入札金額を決める時に、私がこれは「おまじない」と言って端数を125万円ほどつけたのですが、それが効いたのか？　ともかく競売で追い出されなくて良かった。

「自滅のマンション」？

これまでは「ワルの管理会社」を取り上げてきましたが、所有者自身に問題があるケースを複数経験してきました。

なんだろう？　同じムラの中で「オレ様争い」をしているのでしょうか。

最悪なのは、まじめに頑張っている人を攻撃して孤立させる事例。これは普通にイジメの構図です。

しかし当事者にはそういう自覚がない。そんな人間関係にまじめな人ほど傷つき、あきらめて売却し出ていってしまう。残った人たちにはマンション問題を理解する能力がない。

そこに、タチの悪い管理会社の担当者がシメシメと入り込んだり、修繕積立金をねらう役員が登場する。

そんなマンションは「自滅の道」をたどり、ゴースト・マンションとなっていきます。

みなさんのところは大丈夫ですか？

あちこちガタがきている

築18年ともなると、あちこちガタがきますね。先日は機械式駐車場の地下2階の排水ポンプが故障しました。雨が降ると異常を感知し、警備会社に通報がいき、係員が出動してきて、計器と現場を確認し、異常が無ければ解除します。

以前そうした連絡は管理会社止まりでした。それではマンション内で何が起こっているか理事長は知らない。

「それはダメでしょ！」ということで前述したように連絡するようにしたら夜中、早朝関係なくケイタイが鳴ります。

寝ぼけまなこで寝巻の上にジャンパーをはおって、計器のある管理人室に向かうのです。駐車場の排水ポンプが故障というのはチトややこしい。

普通は相見積をとって交換工事をやるのですが、それをやっている時間はありません。以前管理人室の地下のポンプを相見積で交換した経験を踏まえ、理事長の権限で2台の排水ポンプを特注で交換しました。さらに7ヶ所の非常灯が故障。これも直ちに特注で交換。さらに宅配ボックスの交換。これは金額が張りますから相見積ですね。

安心して生活できる

ささいなことのようですが、当事者にとっては大変なこと。ある居住者が機械式駐車場にカギを置き忘れました。

子連れの夫婦が車を出したのですが、最後にカギを抜かずそのまま出発してしまったのです。2時間以上経過して移動先で気づき、あわてて家族に電話。母親が駐車場に行くとカギは抜かれてサイフと一緒に操作盤の上に置いてありました。サイフにはその他にもカギ、カードがビッシリ。さらに現金も数万円入っていました。

その間の経過は監視カメラにしっかり記録されています。差したままのカギを抜いた人は次に来た人に伝言している光景が映っています。私なら現金は抜くけどね。冗談ですよ。そうなってもおかしくない状況でした。これもマンション内に監視カメラを16台設置して、そのモニターをエントランスに設置し誰でも見られるようにした効果でしょうか？

〝ここのマンションの住人はまじめでやさしい〟と管理人と2人でうなずいたのでした。

安心して暮らせるというのは代えがたい価値ですね。

もう一度輪番制を考える？

「交代制でないと理事長に問題があった時、不祥事につながる」という人もいます。確かに近所の老舗のマンションでは、デベロッパーの元社員が理事長をやっていた時代に修繕積立金を億の単位で横領する事件がありました。

また、蓮根のそれなりに有名なマンションでは敷地内にテニスコートがあるのですが、その利用料が管理費会計とは別口座になっているのを利用して役員の飲み代に使っていました。

こういう問題は当たり前ですが、「監事」が機能していれば防げることです。

また、区分所有法で管理者（理事長）の不正が発覚した場合「各区分所有者は、その解任を裁判所に請求することができる」となっているのです。

私たちが毎日見ている国会のニュース、また身近な会社、町内会などどんな組織でも「欲望、権力」が渦巻いている現実がありますから、常に不祥事の危険性があります。

それに対しては組織の機能を駆使して防ぐしかありません。それよりも、役員の輪番制で管理会社に管理される方が問題は大きいと私は考えています。

なんで他のマンションの相談に乗っているの？

簡単です。「自分で経験してきたことが人の役に立てばいいいな」。それだけです。

世の中はせちがらい。知らないでいると、それにつけこまれ余計なお金を持っていかれます。特に大企業ほどアコギです。

大手の管理会社で働いている人はみんな大学卒。「管理業務主任、マンション管理士」といった専門職の肩書まである。

ですから彼らに自覚はあるはずなんですけどね。

近くに、名の通るデベロッパーの建築した１００戸ぐらいのマンションがあります。管理組合の理事長は「とある大学の総長」。理事長就任の時に名刺を配っていたとか。理事にも会社社長が並びます。

築20年ぐらいになると動く金も千万円、億円という単位になってきます。その中身を細かく確認せずに管理会社の担当者の言いなりで支出を決める。

私のアドバイスを聞いて理事会で発言する人が出てきても、担当者の影響を受けた他の役員は「クレーマーのたわごと」にしか思っていない。

落語に登場する長屋も「マンションながや」も共通しています。住人の間の「ネタミ、ヤッカミ、ヒガミ」が住民を分断するきっかけになっています。

どうか、まじめに頑張っている役員に声をかけて応援して下さい。そしてマンション問題とは「みんなの財産を守ることが、自分の家、自分の財産を守ることになるんだ」と理解することが大事です。

寒波もやわらぐできごと

日曜日の朝6時過ぎ、いつもの通り新聞を取りにマンション玄関の郵便ポストへ。ガラス越しに玄関を見ると冷たい風に吹かれて落ち葉が散らばり、そしてコンビニのレシートらしき白い紙が数枚落ちています。

そこへ同じマンションに住む80歳過ぎの女性。ホウキを持って現れました。

先日もあたりを掃除する姿を見かけたので「ありがとう！」と声をかけていましたが、これが続いています。そして短い会話。

「日曜日は管理人さんが居ないので掃除をすることにしたんです」と。

これまで理事長を続けて約10年、自分の家の玄関だと思って時折私がやっていました。

それを見た住人の中から真似る人が出てくるといいなとは思っていました。それがやっと現れたのです。

こんなに嬉しいことはありません。

築18年になるわがマンション。みんな冷たいコンクリートの部屋に閉じこもり、他の住人に関心を持たない。それが現実でしたが、厳しい寒波到来もやわらぐ光景を見ることができました（**写真48**）。

写真48　寒波もやわらぐ光景

あとがきにかえて
「結（ゆい）」のこと

白川郷の合掌造りのドキュメントを見ていました。何かマンション問題と関係あるか？　おありでしたね。

みなさんも知っていると思いますが、この建築物には釘はもちろん鉄材は一切使われず、栗の木を基本構造に使い、そしてカヤで屋根をふいています。そんな建物なのに古いのだと400年以上、そして新しいものでも100年の年数を経過しています。

面白いですね。約5000年前の三内丸山遺跡の高いやぐら。私は神殿だと思っていますが、その柱も栗の巨木です。

栗の木は水・湿度に強いので腐りにくく長持ちする。そんなことも時代を超えて共有されている。

それでも建物をそのまま放置しておくことはしません。ひと冬の間に落雪と一緒にカヤが抜けることがありますが、それはその都度修理をするのです。

そして、普通に住居として使われている。いや、使わないと強度を維持できないんですね。

30年から40年に1回は屋根の葺き替えを行いますが、約500人もの親戚、友人、近所の人、さらに最近ではボランティアの人たちが協力をします。その人たちに食事を提供する「まかない」の人数はそこに入っていません。

そうしたつながりのことを「ゆい」と言っています。

これは単純に共同労働のことだけを言っているのではありませんね。合掌造りの建物の仕組み、使う材料を計画的に備蓄していく段取り。そもそも蓄積されてきた建築全般にわたる知識と知恵を引き継いでいく人のつながり。それを網羅することを「ゆい」と言っているんですね。

これは大事なことです。でも、冷静に考えてみれば、私たちの身近にもそれに似た組織があります。

板橋区には「板橋管理組合ネットワーク」（略称：いたかんネット）という組織があります。また、全国組織として「特定非営利活動法人集合住宅管理組合センター」（略称：NPO集住センター）といったマンション管理組合の集まる場があります。そこに、わが管理組合は加入しています。

みなさんの周辺にもそういう組織があるでしょう。

そこで、専門家の方々がそれぞれの立場から知見を話してくれますし、また管理組合のメンバーが失敗談、成功談を語ります。そこから得られる知恵と情報が大事です。

この本の成果のほとんどは、そこから得られたものです。つまり、そうした組織の場が明確に「ゆい」となっているのです。みなさんの周りにもそういう集まりがあるでしょう。そうした目でその場を見直し、自覚して「ゆい」にしていく取り組みが必要でしょう。

もちろん、私が住むマンションでの経験と情報が一番の基本でした。

今、振り返ってみれば、わがマンションは築18年ですが、私の理事歴はそれと同じ年月に及びます。そして、理事長として10年務めてきました。

だからこそ初めて「鉄筋コンクリート造りのマンション」と向き合うことができたのです。

ですから、私のこの本は「専門家」として書いたのではなく、文字通り実体験から学んだ事実を元に「実践家」として書き上げたものです。

こうした機会を与えてくれた居住者のみなさん、そして一緒に役員を務めてきた方々に心から感謝を申し上げます。

（了）

『参考』

※「相見積の細則」を必ず作成しましょう。そして、管理費会計の支出項目を次々と相見積にかけていく。そうすれば年間100万円程度の節約は必ず実現できます。

その時、大事なこと。今どきですから対象となる企業は、ネットで検索すれば複数見つかります。また、知り合った管理組合から情報を得ることもできます。

そして、それらの企業に相見積で発注先を決めることをあらかじめ通告して下さい。その時、依頼の文書を出すことになると思いますが、そこに「入札に関する細則」を同封するのもありですね。

そして、落札業者を決めたら、必ずお礼の手紙を理事長名で出しましょう。

これは次も協力してもらうために大事なことです。

『入札に関する細則』

○○管理組合規約第○条の規定により、それぞれの業務に関し、第三者に委託し、または請け負わせて執行する際は下記の手続きに基づいて行うものとする。

（原則）

第1条　すべての業務に関し原則として相見積を取ることとする。

（例外）

第2条　受注者への負担、発注業務管理の負担から、理事会の決定を経て、その記録を残すことを前提に、10万円以下の業務に関しては、随意契約によって発注することができる。

2　インターネットによって検索し比較して購入できる物品、またはサービスについて、その購入経過が明白な場合については前項の金額の条件を超えて契約することを可能とする。その場合は、必ず理事会での承認を必要とする。

（依頼）

第3条　10万円を超える業務の発注に関しては、その条件を等しくして複数の業者に見積もりを依頼するものとする。

（保管）

第４条　見積書は封をして提出するように依頼し、理事長の下で直近の理事会まで保管するものとする。理事会以前に開封された見積書は無効とする。

（開封）

第５条　理事会において、提出された見積書をその場で開封するものとする。

（落札）

第６条　見積内容を理事全員で回覧し、条件の違いがないことを確認し、最安値の金額で落札決定する。見積内容に依頼した内容と異なる記載がある場合は、それを無効とし、残る見積書を有効とする。その経過は議事録に明記する。

（本細則の改廃）

第７条　本細則の改廃は、規約○条によるものとする。

「参考１：依頼の文書」

○○年○月○日

○○株式会社

代表取締役○○殿

差出人　○○管理組合
理事長　○○
○管理委託業務に関する見積もりの依頼について
謹啓　時下ますますご清祥のこととお慶び申し上げます。

当マンションは築○年となります。この間、管理委託業務を依頼している業者より値上げ通告が来ていることから相見積を実施することといたしました。

なにとぞ事情ご理解いただき、下記基本事項をベースに相見積にご協力いただきますようお願い申し上げます。

なお、当マンションでは「見積もり細則」を制定しています。

細則において、見積もりは必ず封書でいただき、その内容を理事会の場で開封し条件が同じことを確認の上、最低価格で落札することにしております。

以上の件、なにとぞ事情をご賢察のうえご協力いただきますようお願い申し上げます。

謹白

・当マンション基本事項
① 名称：○○管理組合
② 住所
③ 面積

④　建物の状況
⑤　専有部分　〇戸
⑥　理事長
⑦　連絡先

「参考2：お礼の文書」

〇〇年〇月〇日
〇〇株式会社
代表取締役〇〇殿

差出人　〇〇管理組合
理事長　〇〇

〇管理委託業務に関する見積もりへのお礼について
謹啓　時下ご清祥のこととお慶び申し上げます。
　さて、このたび当マンションの管理委託業務に関する相見積にご協力をいただき感謝申し上げます。

すでにお伝えしておりますとおり「入札に関する細則」基づき複数社の相見積を実施しましたところ貴社の見積もりを採用するには至りませんでした。

残念ではありますが、今後また見直す機会にご連絡申し上げます。以上事務連絡にて失礼いたします。

※「法隆寺の寿命が1300年を超える」について

P19、〇役員改選への基本的考え方【マンション管理の諸問題について】の1で「木造の法隆寺の躯体部分の寿命が1300年を超えていますからね」と記述しましたが、最近、宮大工の方と会い話を聞くことができました。その方によれば、お寺、神社の建物は建築当初の「形」をとどめているが、定期的な調査で建材の劣化が確認されれば、その部分を新しい建材と交換することは当たり前。もちろん、新しい建材も十分時間をかけて乾燥させてから用途に合わせて削り出す。そうした作業を積み重ねてきているので、法隆寺といえども、最初からの木材が残っている部分は数少ないのではないか？　とのこと。

事実関係を確認するべく、白川郷の合掌造りの件も含めて「保存会」などがないか調べたのですが、今のところ見つからず。

現地に行く機会があれば、関係者を訪ねて聞いてみたいと思います。

筆者

著者プロフィール

しぶたに　修（しぶたに おさむ）

○ 1950 年青森県五所川原市生まれ
○ 1990 年衆議院議員当選 2 期
　商工委員、建設委員として活動。都市・土地問題に専門に取り組む。「21世紀に向けた都市基本政策」を発表。「都市基本法案大綱（試案）」をまとめる。同時に議員立法としての「街づくり法案」を作成、提案した。その後引き続き議員スタッフとして「都市改革・都市計画制度等改革基本法（試案）」の成立に取り組んでいる。

現在　マンション管理組合理事長

○ドローン撮影許可・承認
国土交通省・東京航空局
東空運第 7546 号
ドローン操縦士検定 2 級

（著書　～ 2022 年）
『中小企業の挑戦』（三一書房）
『議会の時代』（三省堂）
『満州からふるさと津軽まで 2800 キロ　一歩』（UNIBOOK）
『1 億円残せる！マンション管理』（UNIBOOK）

※集住センターの紹介
2008 年、集住センターに管理組合として入会し、管理組合に必要な情報収集を行ってきました。
○ NPO 集住センター（略称）
・正式名称：特定非営利活動法人　集合住宅管理組合センター
・事務所：東京都新宿区神楽坂 3-2-12　神楽坂摩耶ビル 8F
・電話：03（3269）1139
・設立の目的：マンション管理と居住者の立場に立って、その自立を支援する団体です。
・加盟組合数：320（2022 年 8 月）
・代表理事：伊藤智恵子

○「いたかんネット」（略称）
・正式名称：板橋マンション管理組合ネットワーク
・マンション問題に関心のある方々の学習やマンション管理に関する情報交換を行う場。一級建築士やマンション管理士などの専門家、管理組合理事長経験者やマンションの居住者が参加しています。

だまされない　マンション管理

2023年11月15日　初版第１刷発行

著　者　しぶたに 修
発行者　瓜谷 綱延
発行所　株式会社文芸社
〒160-0022　東京都新宿区新宿1－10－1
電話　03-5369-3060（代表）
03-5369-2299（販売）

印刷所　株式会社フクイン

ISBN978-4-286-24777-9